Alexandra Hanneforth

Lernwerkstatt Vergangenheit

Steinzeit – Altes Ägypten – Altes Griechenland – Mittelalter

Fächerübergreifende Kopiervorlagen
3./4. Klasse

Die Autorin:
Alexandra Hanneforth ist Grundschullehrerin mit den Fächern Deutsch, Mathematik, Sachunterricht und Sport. Sie hat Unterrichtsmaterialien zu verschiedenen Fächern veröffentlicht.

Gedruckt auf umweltbewusst gefertigtem, chlorfrei gebleichtem und alterungsbeständigem Papier.

6. Auflage 2021
© 2008 PERSEN Verlag, Hamburg
AAP Lehrerwelt GmbH
Alle Rechte vorbehalten.

Das Werk als Ganzes sowie in seinen Teilen unterliegt dem deutschen Urheberrecht. Der Erwerber des Werkes ist berechtigt, das Werk als Ganzes oder in seinen Teilen für den eigenen Gebrauch und den Einsatz im Unterricht zu nutzen. Die Nutzung ist nur für den genannten Zweck gestattet, nicht jedoch für einen weiteren kommerziellen Gebrauch, für die Weiterleitung an Dritte oder für die Veröffentlichung im Internet oder in Intranets. Eine über den genannten Zweck hinausgehende Nutzung bedarf in jedem Fall der vorherigen schriftlichen Zustimmung des Verlages.

Sind Internetadressen in diesem Werk angegeben, wurden diese vom Verlag sorgfältig geprüft. Da wir auf die externen Seiten weder inhaltliche noch gestalterische Einflussmöglichkeiten haben, können wir nicht garantieren, dass die Inhalte zu einem späteren Zeitpunkt noch dieselben sind wie zum Zeitpunkt der Drucklegung. Der PERSEN Verlag übernimmt deshalb keine Gewähr für die Aktualität und den Inhalt dieser Internetseiten oder solcher, die mit ihnen verlinkt sind, und schließt jegliche Haftung aus.

Illustrationen: Alexandra Hanneforth, Umschlag: Barbara Gerth
Satz: Satzpunkt Ursula Ewert GmbH, Bayreuth

ISBN 978-3-8344-0317-9

www.persen.de

Inhalt

Vorbemerkungen 4

Praktische Tipps zu den Unterrichtssequenzen 5

Sequenz 1: Thema kennenlernen 7
Brief an die Kinder........................ 7
Reisetickets............................... 9
Schieber für Textforscher................. 10
Bilder für die Briefumschläge 1 bis 6........ 11

Sequenz 2: Einführung 17
Briefe an die Kinder....................... 17

Sequenz 3: Kunst 21
Brief an die Kinder....................... 21
Arbeitskarten Bastelaufgaben............. 22
Buchstabenkarten........................ 29

Sequenz 4: Schrift 30
Brief an die Kinder....................... 30
Steinzeitzeichen......................... 31
Die ägyptischen Hieroglyphen............ 32
Das griechische Alphabet................. 33
Schrift und Sprache im Mittelalter........ 34
Zusatzaufgaben......................... 35
Großbuchstaben......................... 37
Kleinbuchstaben......................... 38

Sequenz 5: Forscherheft........... 39
Brief an die Kinder....................... 39
Forscherheft Steinzeit.................... 40
Forscherheft Altes Ägypten............... 45
Forscherheft Altes Griechenland........... 50
Forscherheft Mittelalter................... 55
Lösungsblätter Forscherhefte............. 60

Sequenz 6: Kleidung 64
Brief an die Kinder....................... 64
Kleidung in der Steinzeit.................. 65
Kleidung im Alten Ägypten................ 66
Ägyptische Anziehfigur................... 67
Ägyptische Perücke...................... 68
Chiton – ein griechisches Gewand......... 69
Griechische Anziehfigur.................. 70
Die Ritterrüstung......................... 71
Ritter-Anziehfigur 1 und 2................ 72

Sequenz 7: Gebäude 74
Brief an die Kinder....................... 74
„Gebäude" in der Steinzeit................ 75
Gebäude im Alten Ägypten............... 75
Gebäude im Alten Griechenland........... 76
Gebäude im Mittelalter................... 76
Historisches Gebäude.................... 77

Sequenz 8: Mathematik............ 78
Brief an die Kinder....................... 78
Infoblock Steinzeit....................... 79
Arbeitskarte – Steinzeit................... 80
Infoblock Altes Ägypten.................. 81
Arbeitskarte – Altes Ägypten.............. 82
Infoblock Altes Griechenland............. 83
Arbeitskarte – Altes Griechenland......... 84
Infoblock Mittelalter..................... 85
Arbeitskarte – Mittelalter................. 86

Sequenz 9: Kochen 87
Brief an die Kinder....................... 87
Essen und Trinken in der Steinzeit......... 88
Essen und Trinken im Alten Ägypten...... 88
Essen und Trinken im
Alten Griechenland...................... 89
Essen und Trinken im Mittelalter.......... 89
Steinzeitlicher Hirsebrei.................. 90
Altägyptisches Früchtebrot............... 91
Griechischer Salat....................... 92
Armer Ritter............................ 93

Abschlussbrief 94

Literaturtipps 95

Vorbemerkungen

Durch die vorliegende Unterrichtseinheit kann das Interesse der Kinder für geschichtliche Themen aufgegriffen bzw. geweckt werden. Vier ausgewählte Zeitabschnitte sollen neugierig machen, staunen lassen und einen kleinen Einblick in die Vielfältigkeit der Menschheitsgeschichte gewähren. Durch die Arbeit an den verschiedenen Schwerpunkten, aber auch den Vergleich der Epochen, bekommen die Schülerinnen und Schüler Anregungen für die Beschäftigung mit geschichtlichen Themen an die Hand.

Den Rahmen der vorliegenden Unterrichtseinheit bilden Briefe von vier Kindern, die zu einer „Studienreise" in die Vergangenheit einladen und im Laufe des Projekts immer wieder Impulse für neue „Forschungsgebiete" geben. Die Briefe sind direkt an die Klasse gerichtet und sollen neben der Vermittlung von Informationen vor allem zum Handeln anregen bzw. dazu auffordern, eigene Ideen zu entwickeln.

Nach einer Orientierungsphase entscheidet sich jedes Kind – je nach Interesse – für eines der vier Themen (Steinzeit, Altes Ägypten, Altes Griechenland, Mittelalter). In den dann folgenden Unterrichtssequenzen arbeitet es nun immer an seinem ausgewählten Thema.

Durch das parallele Bearbeiten der vier Zeitabschnitte soll den Kindern ein erster Eindruck von der Vielfältigkeit der Menschheitsgeschichte vermittelt werden. Dabei geht es nicht in erster Linie um die Darstellung einer linearen Entwicklung (ist durch die räumliche Unterschiedlichkeit auch nicht direkt gegeben), sondern um das „Nebeneinander". Gleichzeitig ermöglicht die Auswahl der Themen das Erkennen von Entwicklungsfortschritten in der Menschheitsgeschichte (z. B. Vergleich Steinzeit – Altes Ägypten).

Ein wesentliches Ziel dieser Einheit ist, den Kindern Anregungen („Handwerkszeug") für die selbstständige Beschäftigung mit geschichtlichen Themen an die Hand zu geben. Sie soll erste Antworten auf die Frage „Was kann man denn überhaupt untersuchen?" geben. Es werden zwar vier unterschiedliche Zeitabschnitte erarbeitet, jedoch immer unter Berücksichtigung einzelner Schwerpunktthemen (u. a. Kunst, Gebäude, Schriftzeichen ...). Somit wird deutlich, dass sich die zu untersuchenden Schwerpunkte jederzeit auch auf andere Zeiten und Kulturen übertragen lassen (z. B. Römer, Indianer ...).

Neben der intensiven Beschäftigung mit einem Schwerpunktthema wird den Schülerinnen und Schülern durch die Reflexionsphasen und die Ergebnispräsentation immer wieder eine Vergleichs- und somit auch Einordnungsmöglichkeit geboten. Sie werden nicht nur über ihre „eigene Zeit" etwas lernen, sondern ganz nebenbei auch etwas über die drei anderen Menschheitsepochen.
Organisatorisch ist dieses Projekt ähnlich aufgebaut wie beispielsweise Europaprojekte, bei denen verschiedene Schülergruppen sich mit unterschiedlichen Ländern beschäftigen.

Ich wünsche Ihnen und Ihrer Klasse viel Spaß bei der Reise in die Vergangenheit!

Alexandra Hanneforth

Praktische Tipps zu den Unterrichtssequenzen

Sequenz 1: Thema kennenlernen
Die Unterrichtseinheit erfordert etwas Vorlaufzeit. Es empfiehlt sich, vor der ersten Stunde möglichst viele Bücher und anderes Informationsmaterial (Bilder, Spiele, Stempel, Rätselhefte, Modelle ...) über die vier Zeitabschnitte zu sammeln und diese in vier Themenecken des Klassenraums aufzubauen. (Tipp: Die städtischen Büchereien stellen meist gern Themenkisten zusammen.) Die Bilder für die Briefumschläge werden kopiert und auf C6-Umschläge geklebt. In der ersten Unterrichtsstunde erhalten die Kinder ihren ersten Brief und haben nun Zeit – am besten mehrere Tage –, um in den Materialecken zu stöbern. Am Ende der Sequenz muss sich jedes Kind verbindlich für ein Thema entscheiden, indem es ein „Reiseticket" wählt.

Da im Rahmen dieser Unterrichtseinheit häufig mit Texten als Informationsquelle gearbeitet wird, empfiehlt es sich, gemeinsam über verschiedene Arbeitstechniken (z. B. unterstreichen, markieren, Informationen entnehmen ...) zu sprechen und diese evtl. auch an einem Übungstext auszuprobieren. Als Hilfsmittel können sich die Kinder den „Textforscher-Schieber" (s. S. 10) herstellen.

Sequenz 2: Einführung
Jede Gruppe erhält nun einen Einführungsbrief, der ihnen erste Informationen über „ihre Zeit" gibt. Im Anschluss an das Lesen der Briefe sollte jede Gruppe Wünsche, Arbeitsvorschläge und Fragen zum Thema sammeln, die im Laufe der Einheit beantwortet werden.

Sequenz 3: Kunst
Die Kinder bekommen den dritten Brief. Ein Päckchen liegt bei dem Brief. Darin befinden sich einige von der Lehrerin ausgewählte Abbildungen von typischen Kunstgegenständen der vier Zeitabschnitte. (Tipp: Hierzu können einige Abbildungen aus Sachbüchern zu den vier Themen kopiert werden. Wenn man diese auf Pappe klebt oder laminiert, sind die Bilder immer wieder zu benutzen.) Jede Gruppe betrachtet diese und erarbeitet typische Merkmale der Kunst. (Frage: „Was ist daran typisch altägyptisch, altgriechisch etc.?") Im Anschluss bekommen die Kinder Bastelvorschläge. Sie entscheiden sich für eine Sache und stellen diese her. Die fertigen Kunstgegenstände können in den Themenecken ausgestellt werden. Bei einigen Angeboten ist die Rede von „Knetmasse". Hierfür bietet sich besonders lufttrocknende Knete oder Ton an.

Sequenz 4: Schrift
In dieser Sequenz beschäftigen sich die Kinder mit Schrift und Schriftzeichen in den verschiedenen Zeitabschnitten der Menschheitsgeschichte. Mit dem einführenden Brief bekommt jede Gruppe ein entsprechendes Arbeitsblatt zum Thema. Auch das benötigte Material sollte schon bereit liegen.

Tipps:
- Die Steinzeitgeschichten wirken auf braunem Packpapier und mit schwarzer Kreide gemalt besonders gut.
- Da die Hieroglyphen sehr aufwändig zu zeichnen sind, bieten Stempel (gibt es u. a. im Buchhandel) eine gute Alternative.
- Für die Mittelaltergruppe sollten Buchstabenkarten (s. S. 29) bereit liegen. Mit einem schräg abgesägten Eisstiel und Tinte lassen sich die Buchstaben gut nachschreiben. Es empfiehlt sich, die Kinder zunächst auf Schmierpapier üben zu lassen.

Sequenz 5: Forscherheft
Mit dem vierten Brief bekommt jedes Kind ein Forscherheft, in dem es nun individuell arbeiten kann. Schwerpunktthemen (und damit später Gegenstand der Reflexion) der Forscherhefte sind Kindheit sowie Leben/Alltag in der Vergangenheit. Während der Arbeit an den Forscherheften müssen sich die Kinder intensiv mit den ausliegenden Sachbüchern beschäftigen. Sie sollten bereits wissen, wie man sich Informationen aus Büchern oder dem Internet besorgt.

Tipp: Man kann den Schülerinnen und Schülern die Arbeit mit einer Infokartei etwas erleichtern. Am einfachsten geht dies, indem man die Seiten eines Sachbuchs heraustrennt und diese laminiert. Die Infokartei hat gegenüber dem Buch den Vorteil, dass sie von mehreren Kindern gleichzeitig genutzt werden kann.
Leistungsschwachen Kindern helfen konkrete Suchhinweise.

Sequenz 6: Kleidung
In dieser Sequenz beschäftigen sich die Kinder mit dem Thema Kleidung. Als Alternative zu den dem Brief beiliegenden Arbeitsaufträgen könnte auch eine richtige Modenschau stattfinden. Die Kinder würden dann, statt Miniatur- bzw. Modellkleidung, Kostüme für sich selber nähen. Dies ist natürlich besonders motivierend, erfordert aber Vorerfahrungen (sie sollten schon einmal genäht haben) und wesentlich mehr Zeit.

Sequenz 7: Gebäude
Bei dieser Sequenz sollten die Kinder noch stärker in die Planung mit einbezogen werden. Nach dem Lesen des Briefes wird zunächst ein Bauplan erarbeitet und vor allem überlegt, welches Material benötigt wird. Zur eigentlichen „Bauphase" wird das Material dann mitgebracht.

Sequenz 8: Mathematik
Diese Sequenz ermöglicht es, auch den Mathematikunterricht in die Unterrichtseinheit mit einzubeziehen. Jede Gruppe bekommt einen Infoblock, der an der oberen Kante mit einer Musterklammer geheftet wird und dann aus vier Seiten besteht. Hier finden die Kinder die Informationen, die sie zur Bearbeitung der Mathematikaufgaben benötigen. Da die Aufgaben zum Teil recht anspruchsvoll sind (v. a. für Kinder des 3. Jahrgangs), empfiehlt es sich, die Schülerinnen und Schüler in der Gruppe arbeiten zu lassen. Füllt die Lehrkraft die Arbeitskarten einmal selbst aus, können die Kinder ihre Arbeitsergebnisse anschließend kontrollieren.

Sequenz 9: Kochen
In dieser Sequenz bekommt jede Gruppe ein Rezept und eine kurze Information zum Thema „Essen und Trinken".

Tipp: Es empfiehlt sich, alle Kinder jedes Gericht probieren zu lassen. Organisatorisch ist es einfacher, wenn nicht alle vier Rezepte gleichzeitig ausprobiert werden. Auch Elternmitarbeit ist hier sehr hilfreich.

Schluss
Zum Abschluss der Unterrichtseinheit bekommen die Schüler und Schülerinnen einen Abschiedsbrief. Bevor die vier Themenecken abgebaut werden, könnte man eine kleine Ausstellung organisieren, in der alle gebastelten Dinge präsentiert werden.
Möglich wäre auch ein kleines Fest mit historischer Modenschau und den Gerichten aus Sequenz 9.

Sequenz 1: Thema kennenlernen

Liebe Klasse _____,

in den nächsten Wochen möchten wir euch auf eine Reise in die Vergangenheit mitnehmen. Na ja, ihr denkt jetzt hoffentlich nicht an eine Reise, bei der man den Koffer packt und dann mit dem Auto oder Flugzeug losflitzt. Das wäre für eine ganze Klasse ja viel zu teuer und außerdem müsste man dafür erst eine Zeitmaschine erfinden.

Nein, so eine Reise können wir euch also leider nicht bieten! Die Reise, die wir meinen, ist eine echte Wissensreise, eine Reise, in der jede Menge gebastelt, gelesen, geforscht, gekocht und sogar genäht wird. Das wird eine Reise, bei der ihr ganz viel über längst vergangene Zeiten lernen und zu wahren Geschichtsexperten werden könnt.

Ihr werdet Zeiten kennenlernen, in denen es noch keine Autos gab, in denen die Menschen keine Jeans, sondern ganz andere Kleidung trugen. Ihr werdet erfahren, wie früher geschrieben wurde und ob die Kinder schon immer zur Schule gehen mussten.

Da wir vier Freunde sind, können wir euch auch vier unterschiedliche Reiseziele anbieten:

Lea reist mit euch viele tausend Jahre zurück und nimmt euch mit zu den Steinzeitmenschen.

Tobi organisiert einen Besuch bei den Alten Ägyptern – und wer weiß, vielleicht begegnet ihr dort sogar einem Pharao!?

Mit **Kiko** könnt ihr durch das Alte Griechenland ziehen und alles über die ersten Olympischen Spiele erfahren.

Und alle Ritter- und Burgfräuleinfans sollten sich an **Mia** halten, die gerne eure Reiseführerin durchs Mittelalter ist.

Na, seid ihr neugierig geworden und habt Lust, auf diese Reise mitzukommen? Dann kann es gleich mit den Reisevorbereitungen losgehen. Schaut euch die vier Infoecken in eurer Klasse genau an und informiert euch, wo eure persönliche Reise hingehen soll. Das entscheidet nämlich jeder für sich selbst.

Wir melden uns wieder, wenn ihr alle ein Reiseticket gewählt habt.

Bis dahin viel Spaß

wünschen euch

Lea, Tobi, Kiko und *Mia*

PS: Bei eurer Reise werdet ihr wahrscheinlich viel lesen und in Büchern forschen. Wenn ihr euch einen Textforscher-Schieber herstellt, seid ihr für eure Reise in die Vergangenheit bestens gerüstet.

Reisetickets

Schieber für Textforscher

So geht's:
- Schneide beide Teile aus.
- Schneide Schlitze an den gestrichelten Linien hinein.
- Stecke den Textstreifen oben in den oberen Schlitz und unten durch den unteren, sodass der erste Schritt erscheint.
- Schiebe den Textstreifen nun Schritt für Schritt weiter und erforsche mithilfe der Tipps deinen Text.

Name des Textforschers:
_____

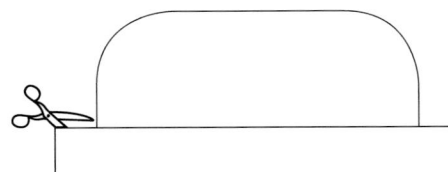

1. Schritt:
Lies den Text gründlich durch.

2. Schritt:
Hast du alles verstanden? Wenn nicht, frage nach.

3. Schritt:
Nummeriere (wenn möglich) die Zeilen.

4. Schritt:
Lies noch einmal und notiere die Zeilen, in denen etwas Interessantes steht. (Du kannst sie auch ankreuzen!)

5. Schritt:
Lies diese Zeilen noch einmal und markiere oder unterstreiche die wichtigen Wörter.

6. Schritt:
Nun kannst du deine Fragen beantworten oder aus den markierten Wörtern einen eigenen Infotext schreiben.

Bilder für die Briefumschläge 1

Erster Brief (Einführung)

Einführungsbrief an die Steinzeit-Gruppe

Bilder für die Briefumschläge 2

Einführungsbrief an die Altes-Ägypten-Gruppe

Einführungsbrief an die Altes-Griechenland-Gruppe

Bilder für die Briefumschläge 3

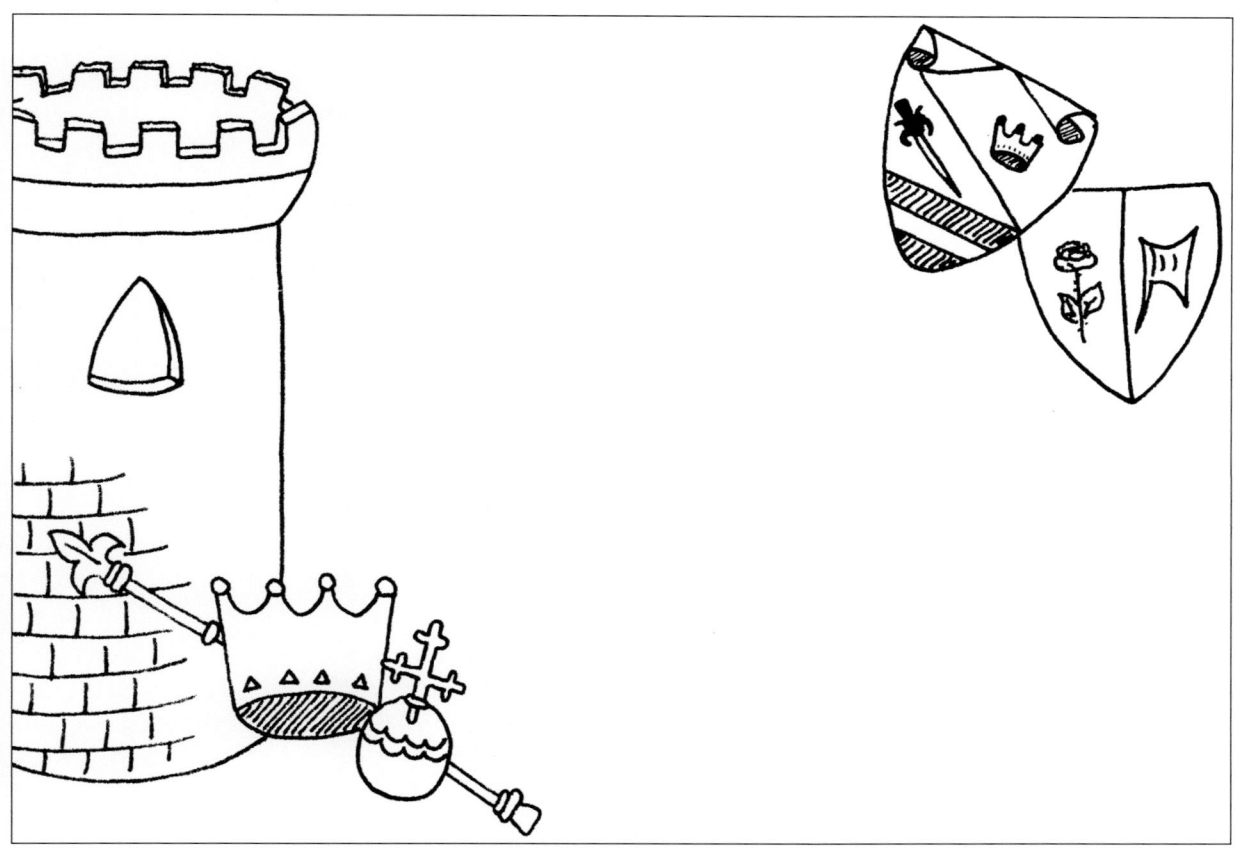

Einführungsbrief an die Mittelalter-Gruppe

Brief zum Thema „Kunst in der Vergangenheit"

Bilder für die Briefumschläge 4

Brief zum Thema „Schrift in der Vergangenheit"

Brief zu den Forscherheften

Bilder für die Briefumschläge 5

Brief zum Thema „Kleidung in der Vergangenheit"

Brief zum Thema „Gebäude in der Vergangenheit"

Bilder für die Briefumschläge 6

Brief zum Thema „Mathematik in der Vergangenheit"

Brief zum Thema „Kochen in der Vergangenheit"

Sequenz 2: Einführung

Liebe Klasse _____,

ich bin's, Lea. Schön, dass ihr euch für eine Reise in die **Steinzeit** entschieden habt. Ich persönlich finde diese Zeit sehr, sehr spannend, da sie vor etwa 2,5 Millionen (!!!) Jahren vor Christus mit dem Auftreten der ersten Menschen begann und vor ungefähr 4000 Jahren zu Ende ging. Das ist doch eine unvorstellbar lange Zeit!
Wisst ihr, warum die Steinzeit so heißt? – Weil die Menschen damals alle Werkzeuge, die sie brauchten, aus Holz, Knochen und Steinen herstellten. So ein Steinzeitwerkzeug ist z. B. der Faustkeil (= schmaler Stein mit scharfer Kante). Damit konnten die Steinzeitmenschen Holz bearbeiten, Tierhäute abschaben und zerschneiden, Löcher bohren, Knochen spalten und noch vieles andere.

Die Steinzeitmenschen waren übrigens Jäger. Mit Speer, Steinaxt und Pfeil und Bogen zogen sie los und versuchten, einen Hirsch, einen Wolf, einen Bären oder sogar ein Mammut (= riesiger Elefant mit dickem Fell und langen Stoßzähnen) zu erlegen.

Aber die Steinzeitmenschen aßen natürlich nicht nur Fleisch, sondern sammelten auch Beeren, Pilze, Kräuter, Wurzeln usw. Zu Trinken gab es Wasser. Kleidung stellten die Steinzeitmenschen aus Tierhäuten und Fellen her.
Der kostbarste Besitz der ersten Menschen war übrigens das Feuer. Es wärmte und erhellte die Wohnhöhle. (Viele Steinzeitmenschen lebten tatsächlich in Höhlen!) Das Feuer hielt aber auch gefährliche Tiere fern und ermöglichte den Menschen das Kochen.
Über die Steinzeit gibt es noch viel zu berichten, aber jetzt habt ihr erst einmal Zeit, um in eurer „Steinzeitecke" zu stöbern.

Viel Spaß dabei wünscht euch

eure *Lea*

Sequenz 2: Einführung

Liebe Klasse _____,

wie ich gehört habe, möchtet ihr mit mir ins **Alte Ägypten** reisen. Da gibt es viele interessante Dinge zu berichten. Die Ägypter bauten gewaltige Pyramiden und prächtige Tempel.

Die Zeit der Alten Ägypter begann vor ungefähr 5000 Jahren v. Chr. und dauerte über 3000 Jahre!
In dieser Zeit regierten mehr als 200 Pharaonen, so nennt man die altägyptischen Könige.
Weil 3000 Jahre eine endlos lange Zeit sind, unterteilt man diesen Zeitraum heute in drei Abschnitte:

1) Altes Reich: In dieser Zeit wurden die großen Pyramiden gebaut.
2) Mittleres Reich: In dieser Zeit gab es viele Kriege und Eroberungen.
3) Neues Reich: In dieser Zeit wurde kräftig Handel getrieben und es entstanden herrliche Tempel und kostbare Kunstgegenstände.

Die Ägypter glaubten an einige 100 Götter. Der Pharao war nicht nur der König, sondern wurde auch wie ein Gott verehrt. Alle, die dem Pharao begegneten, mussten zu seiner Verehrung die Erde küssen!
Die meisten Ägypter waren Bauern, die für den Pharao oder einen Großgrundbesitzer (= Mann mit viel Landbesitz) arbeiteten. Die Arbeit der Bauern war häufig sehr hart und anstrengend.
Im Alten Ägypten gab es eine besondere Schrift, die Hieroglyphen. Rechts seht ihr ein paar solcher Zeichen.
Nur gebildete Schreiber lernten Lesen, Schreiben und Zählen. Dafür brauchten sie aber lange Zeit. So, jetzt habe ich erst einmal genug geschrieben. Nun könnt ihr euch ja in eurer „Ägyptenecke" ein wenig umschauen.

Viel Spaß dabei wünscht euch
euer *Tobi*

Sequenz 2: Einführung

Liebe Klasse _____,

wie ich gehört habe, interessiert ihr euch besonders für das **Antike Griechenland**. Da habt ihr euch aber eine sehr interessante Zeit ausgesucht!

Die Zeit der Alten Griechen begann vor ungefähr 4000 Jahren. Die Griechen glaubten an eine große Götterfamilie, die die ganze Welt und die Menschen erschaffen haben soll. Der Göttervater (= oberster Gott) hieß Zeus. Es gibt viele Geschichten über diese Götter. Die Götter wurden damals sehr verehrt. Für sie wurden prächtige Tempel gebaut.

Im Alten Griechenland fanden übrigens die ersten Olympischen Spiele statt. Genauer gesagt im Jahr 776 vor Christus.

Von da an wurden sie alle vier Jahre zu Ehren des Göttervaters Zeus veranstaltet. Während der Olympischen Spiele durften keine Kriege geführt werden. Teilnehmen konnten aber nur Männer.

Frauen durften nicht einmal zusehen. Kein Wunder, denn die Athleten waren nackt!

Die meisten Griechen waren Bauern, die vor allem Weizen, Wein und Olivenbäume anbauten. In den Städten gab es aber auch reiche Bürger, die nicht so hart arbeiten mussten. Die Mädchen gingen nicht zur Schule, aber viele Jungen lernten Lesen, Schreiben, Musizieren und das Aufsagen von bekannten Heldengeschichten. Nicht alle Jungen gingen lange zur Schule. Meistens lernten die Söhne den Beruf ihres Vaters.

Im 5. Jahrhundert vor Christus entstand in Athen (= wichtige Stadt) die erste Demokratie. Das heißt: Alle Bürger, die mindestens 18 Jahre alt waren, durften bei Entscheidungen in ihrer Stadt mitbestimmen. Frauen, Fremde und Sklaven waren jedoch davon ausgeschlossen.

So, jetzt wünsche ich euch viel Spaß beim Stöbern in eurer „Griechenlandecke"

euer *Kiko*

Sequenz 2: Einführung

Liebe Klasse _____,

los geht die Reise ins **Mittelalter**. Wisst ihr eigentlich, warum das Mittelalter so heißt? Weil es in der Mitte zwischen Altertum und Neuzeit liegt!

Ungefähr im Jahr 500 begann das Mittelalter und dauerte so um die 1000 Jahre. Lange, nicht wahr?

Damals war vieles ganz anders als heute:

Die Bevölkerung bestand aus drei Gruppen. Das Sagen hatten die Adeligen (Könige, Fürsten ...) und die Kirche (Bischöfe, Priester ...). Die meisten Menschen waren aber Bauern. Diese hatten im Mittelalter kaum Rechte. Sie waren unfrei. So mussten sie ihrem Herrn nicht nur dienen, sondern sogar um Erlaubnis fragen, wenn sie heiraten oder wegziehen wollten.

Wenn jemand gegen ein Gesetz verstieß, wurde er von seinem Herrn oder der Kirche hart bestraft.

Schulen, wie wir sie kennen, gab es im Mittelalter noch nicht. Nur in Klöstern konnten Auserwählte Lesen und Schreiben lernen. Jedes Buch wurde übrigens mit der Hand geschrieben und bemalt, weil es keinen Computer, keine Schreibmaschine oder Ähnliches gab.

Das Mittelalter ist die Zeit der Ritter und Burgen. Sicher habt ihr schon einmal eine mittelalterliche Burgruine gesehen. Leider gab es im Mittelalter aber auch große Hungersnöte und schlimme Krankheiten, an denen viele Menschen starben, weil es noch keine wirkungsvolle Medizin gab.

Ich hoffe, ihr seid nun etwas neugierig auf das Mittelalter geworden und stöbert jetzt gerne in eurer „Mittelalterecke".

Viel Spaß dabei wünscht euch

eure *Mia*

Sequenz 3: Kunst

Liebe Klasse _____,

wir sind's wieder: Lea, Tobi, Kiko und Mia. Heute steht Kultur auf unserem Reiseprogramm. Na ja, genauer gesagt, geht es um **Kunst**, weil wir das in der Schule so gerne machen.

Schon in der Steinzeit gab es Künstler, die Figuren schnitzten oder Bilder mit Erdfarben an die Höhlenwände zeichneten.

Ist das nicht eine lustige Steinzeitfigur?

Ägyptische Kunstschätze habt ihr sicher schon einmal gesehen. Besonders bekannt ist zum Beispiel die goldene Maske des Pharao Tutanchamun.
Die griechische Kunst war vor allem den Göttern geweiht. So erzählen viele Tempel, Statuen und Gemälde ihre Abenteuer. Ja und auch im Mittelalter entstanden wunderschöne Kunstwerke wie die handgeschriebenen Bücher mit aufwändigen Malereien und verzierten Buchstaben.

Vielleicht habt ihr jetzt Lust, eure eigene historische Kunstausstellung herzustellen?! Ihr könntet z. B. Bilder aus vergangenen Zeiten nachmalen (Steinzeitbilder gelingen garantiert!). Ihr könntet aber auch historischen Schmuck herstellen oder andere „Kunstgegenstände" nachbauen. Stöbert mal an euren Materialtischen. Da findet bestimmt jeder von euch etwas, das er für eine historische Kunstausstellung herstellen könnte. Und falls nicht, schicken wir euch gleich ein paar unserer Ideen mit.
Wir werden uns jetzt übrigens auch an die Arbeit begeben. Viel Spaß bei der Ideensammlung und der anschließenden Arbeit! Bis demnächst!

Eure Reiseleitung *Lea, Tobi, Kiko* und *Mia*

HÖHLENMALEREI

In einigen Höhlen sind uralte Zeichnungen der Steinzeitmenschen gefunden worden. Die meisten Bilder zeigen Jäger und verschiedene Tiere. Auch Handabdrücke hat man entdeckt.

Male auf braunes Packpapier ein eigenes Tierbild.
(Tipp: Wenn du das Papier zum Schluss verknitterst, sieht es besonders echt aus.)
Du kannst auch ein Stück der Knetmasse ausrollen und einen Handabdruck machen.

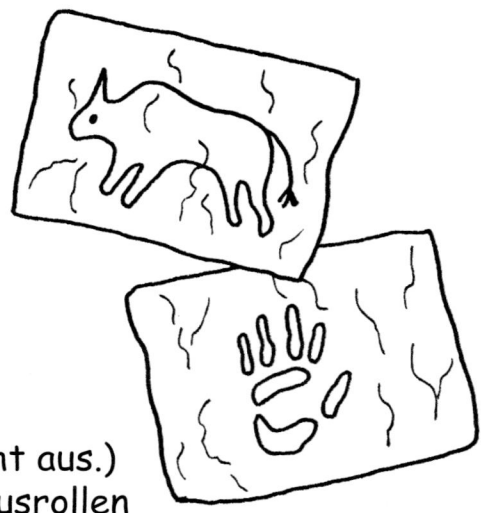

STEINZEITBECHER

Die Steinzeitmenschen tranken Wasser aus einfachen Bechern.
Diese waren entweder aus Holz oder aus Ton.

Stelle aus Ton einen eigenen Becher her.

KNOCHENKETTE

Die Menschen der Steinzeit schmückten sich gern mit Ketten aus Knochen, Muscheln und Schneckenhäusern.

Stelle dir aus der Knetmasse (und den Muscheln) eine eigene Steinzeitkette her.

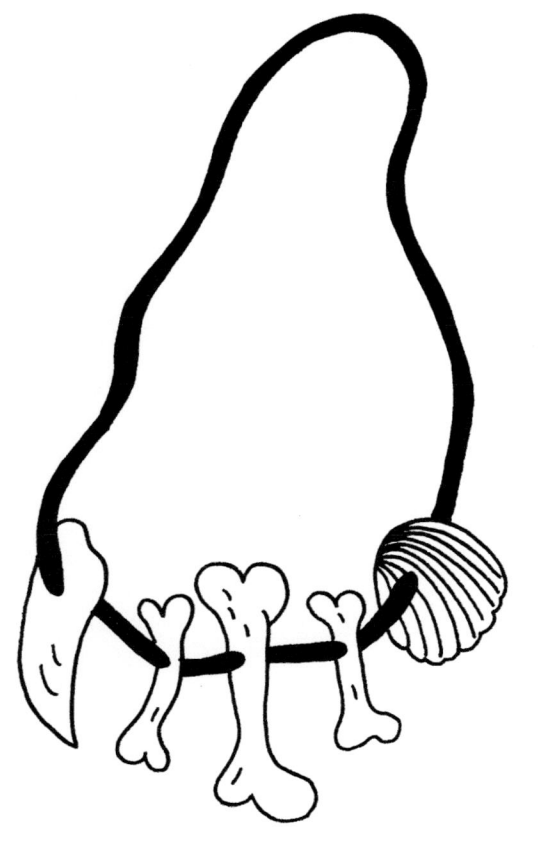

BEMALTE KIESELSTEINE

In der Steinzeit wurden nicht nur Höhlenwände, sondern auch Kieselsteine bemalt.

Bemale auch Kieselsteine oder ritze mit einem Nagel ein kleines Bild in ein Stück Schiefer.

Alexandra Hanneforth: Lernwerkstatt Vergangenheit
© Persen Verlag

Skarabäus

Für die Alten Ägypter war der Skarabäus (= Pillendreher-Käfer) ein besonderes, glücksbringendes Schmückstück.

Stelle aus der Knetmasse einen eigenen Skarabäus her.

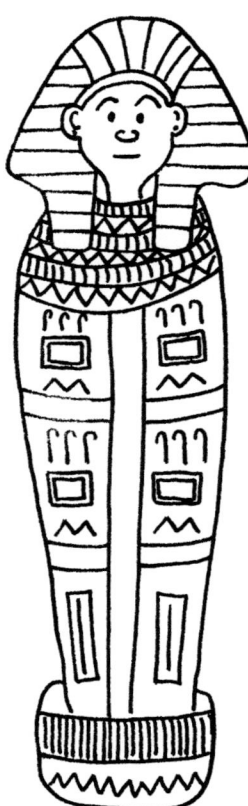

Mumiensarg

Vor allem in den Pharaonengräbern fand man kunstvoll gestaltete Mumiensärge.

Schneide aus Pappe eine Mumienform aus und male sie altägyptisch an.

Ägyptisches Bild

Im Alten Ägypten malten die Künstler Menschen meist in einer merkwürdigen Stellung. Die Beine und den Kopf sieht man von der Seite, die Schulter dagegen von vorne.

Male ein altägyptisches Bild.

GRIECHISCHES SCHMUCKBAND

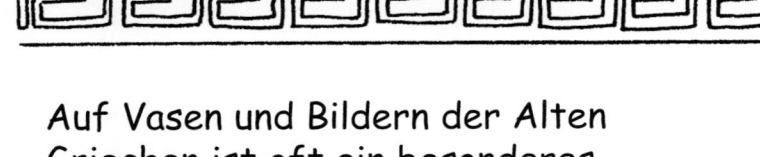

Auf Vasen und Bildern der Alten Griechen ist oft ein besonderes Muster zu finden.

Male selbst ein solches Schmuckband.

SÄULE

Typisch für die griechischen Tempel waren die vielen Säulen aus Marmor oder Stein.

Stelle aus der Knetmasse eine eigene kleine Säule her.

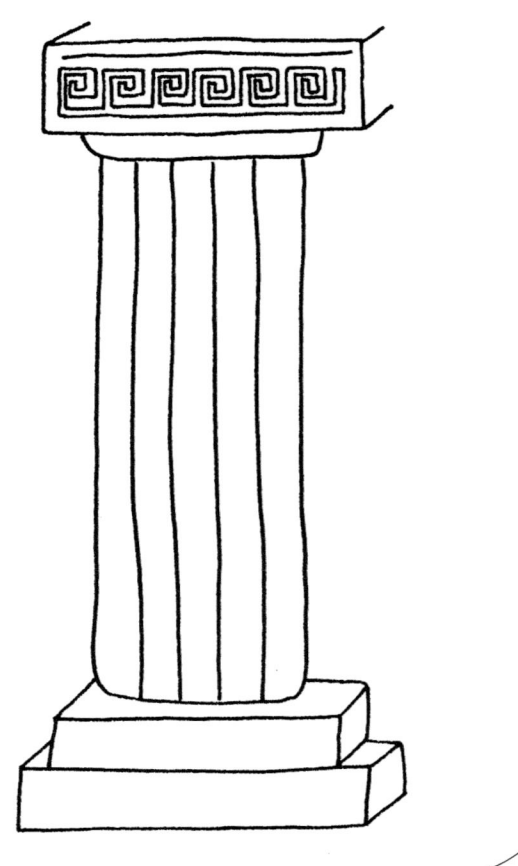

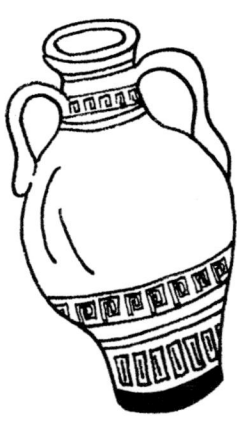

GRIECHISCHE VASE

Bei Ausgrabungen fand man viele Vasen und andere Gefäße der Alten Griechen.

Schneide aus schwarzem Tonpapier eine Vasenform aus und gestalte sie mit Öl-Kreide farbig.

Wappen

Jeder Ritter hatte als Erkennungszeichen sein eigenes Wappen.

Male dir auch ein eigenes Wappen.

Gürteltasche

Münzen und andere kleine Wertsachen trug man im Mittelalter häufig in einem kleinen Beutel, der am Gürtel befestigt wurde.

Schneide ein tellergroßes Stück Filz
(oder Leder) aus.
Stanze mit einer Lochzange am Rand entlang.
Ziehe einen Wollfaden durch die Löcher
und verknote die Enden des Fadens.

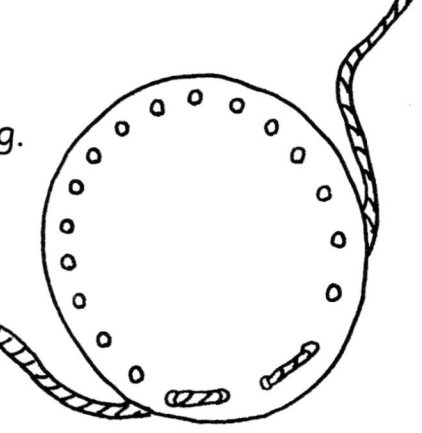

Schmuckbuchstabe

Im Mittelalter wurden die Anfangsbuchstaben einer Buchseite oft besonders schön ausgestaltet, das heißt, sie wurden mit bunten Farben und Mustern verziert.

Suche dir eine Buchstabenkarte aus und verziere sie.

Ritterbild

Aus dem Mittelalter sind heute noch viele Ritterbilder erhalten.
Oft ist der Ritter in seiner Rüstung abgebildet.

Male ein eigenes Ritterbild.
Vergiss den Bilderrahmen nicht.

Buchstabenkarten

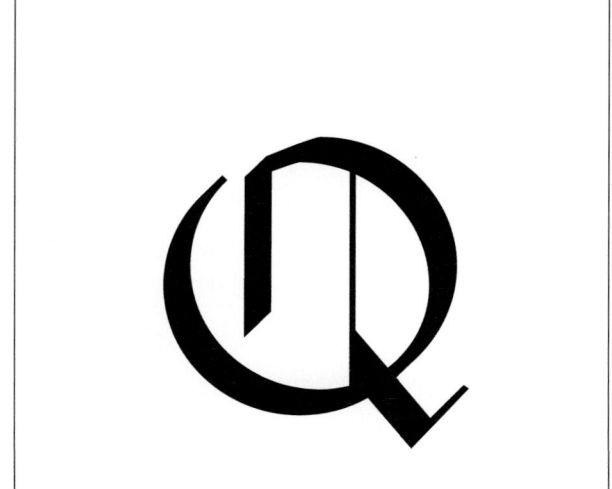

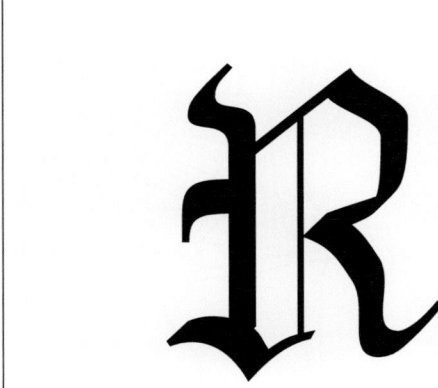
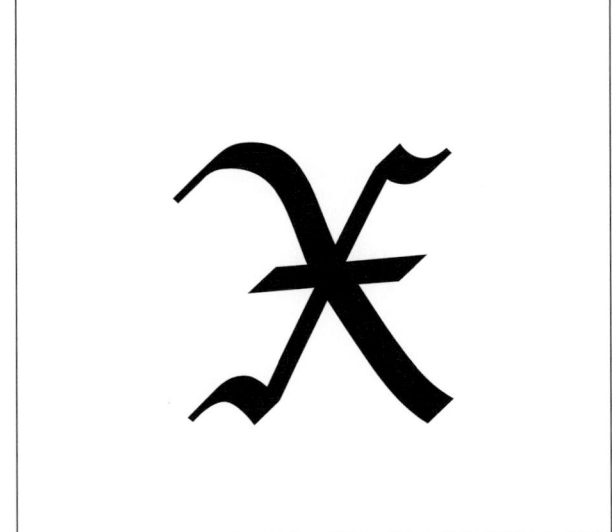

Liebe Klasse _____,

jetzt habt ihr euch ja schon etwas mit der Vergangenheit beschäftigt! Sicher seid ihr beim Stöbern in den Materialien bereits auf die eine oder andere interessante Sache gestoßen. Wenn ihr etwas Spannendes herausfindet, könnt ihr uns ja mal zurückschreiben.

Apropos „schreiben"! Wisst ihr eigentlich, dass die Alten Ägypter, Griechen und Steinzeitmenschen ganz andere Zeichen beim Schreiben benutzten und unsere Buchstaben noch nicht kannten? Man könnte fast glauben, sie hätten eine Geheimschrift benutzt.

Im Mittelalter redeten die Leute nicht nur ganz anders als wir heute, sie schrieben auch irgendwie seltsam.

Wir haben uns die verschiedenen „**Schriften**" mal etwas genauer angeschaut. So sieht beispielsweise ein Satz mit Steinzeitzeichen aus:

Könnt ihr erraten, was das heißt?

So, nun seid ihr auch schon mittendrin in eurem heutigen Reisethema. Jetzt sollt ihr nämlich selber forschen und die alten Schriften natürlich auch ausprobieren. Die Sache lohnt sich!

Tausend Grüße von
Lea, Tobi, Kiko und *Mia*

STEINZEITZEICHEN

Hier sind ein paar Schriftzeichen aus der Steinzeit abgebildet.

Zeichen	Wort	Zeichen	Wort
☥	Mann	♀	Frau
D	Bogen	↗	Pfeil
∘∘∘	gehen	∘ ∘ ∘	rennen
ⵋ	Baum	☁	schneien
👁	sehen	⌒	Höhle
😟	krank	≈≈≈	Fluss
🐟	Fisch	🔥	Feuer
😊	satt	/// drei //// vier
☀	Tag	⌂	Bär
〰	See	⚹	Hirsch

1. Übersetze diese Geschichte.

   ☥♀ ∘∘∘ ≈≈≈ ⌒ 👁 ⌂ ☥ D↗ ⌂

   _____

   _____

   _____

   _____

2. Schreibe eine eigene Geschichte mit den Zeichen auf die Rückseite dieses Blattes.

Die ägyptischen Hieroglyphen

Das Wort „Hieroglyphe" bedeutet „heiliges Schriftzeichen". Es gab ungefähr 700 Zeichen im Alten Ägypten. Hieroglyphen liest man von oben nach unten. Man unterscheidet drei Hieroglyphenarten:

1) Zeichen, die einen bestimmten Gegenstand darstellen.

   = sitzende Frau   = Schnecke

2) Zeichen, die wie unsere Buchstaben einem Laut entsprechen.

   ▢ = p   👁 = r   ↾ = s

   = a   = h   = k

3) Zusammengestellte Zeichen. Durch das Zusammenstellen verändert sich der Sinn.

   = Unterarm   = geben

---

1. Diese Hieroglyphen sind Zeichen für einen Gegenstand. Kannst du sie übersetzen?

   👁 _____

   ☆ _____

   〰 _____

2. Hier ist abgebildet, welches Zeichen welchem Buchstaben unseres Alphabets entspricht. Schreibe deinen Namen mit diesen Hieroglyphen auf buntes Papier.

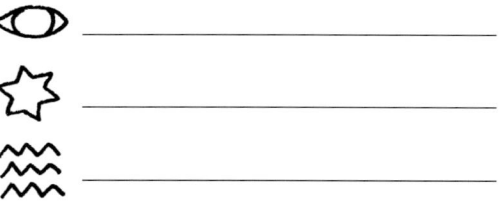

A	B	C/CH	D	E	F	G	H	I	J	K	L
M	N	O	P	Q	R	S	T	U/V/W	X	Y	Z

32

DAS GRIECHISCHE ALPHABET

Hier ist das griechische Alphabet. Neben dem griechischen Buchstaben steht jeweils sein Name. Rechts steht, wie wir den Buchstaben schreiben.

A	Alpha	A		N	Ny	N
B	Beta	B		Ξ	Xi	X
Γ	Gamma	G		O	Omikron	O
Δ	Delta	D		Π	Pi	P
E	Epsilon	E		P	Rho	R
Z	Zeta	Z		Σ	Sigma	S
H	Eta	E		T	Tau	T
Θ	Theta	TH		Υ	Ypsilon	Y
I	Iota	I		Φ	Phi	F, PH
K	Kappa	K		X	Chi	CH
Λ	Lambda	L		Ψ	Psi	PS
M	My	M		Ω	Omega	O

1. Hier sind deutsche Wörter mit griechischen Buchstaben geschrieben worden. Kannst du sie übersetzen?

ΔΑΣ ΓΡΙΕΧΙΣΧΕ ΑΛΦΑΒΕΤ

_____   _____   _____

2. Schreibe folgende Wörter mit griechischen Buchstaben auf buntes Papier:

ich, Ball und rechnen.

Schrift und Sprache im Mittelalter

Hier sind zwei Ausschnitte aus Gedichten der Ritterzeit.
Die Übersetzung steht rechts daneben.

1) Sie wundervol gemachet wip,
   daz mir noch werde ihr habedanc!

   Sie wundervoll gemachtes Weib,
   dass mir noch werde ihr Dankeschön!

2) Wol stent diniu löckel,
   din mündel rot
   din äugel –
   als ich wolde.

   Wohl stehen dir deine Löckchen,
   dein Mündchen rot,
   deine Äuglein –
   so wie ich es will.

1. Kannst du diesen Glückwunsch übersetzen?
   Tipp: Lies ihn laut vor!

   gelück und hail _____

   wunsch ich dir frow _____

   zum newen jar. _____

2. Suche die Buchstabenkarte heraus, mit der dein Vorname beginnt.
   Versuche, den Buchstaben genauso zu schreiben. Wenn es klappt,
   nimm auch noch den Anfangsbuchstaben deines Nachnamens.

   Tipp: Benutze als Stift einen abgesägten Eisstiel und
   tauche diesen zum Schreiben in die Tinte.

ZUSATZAUFGABE – STEINZEIT

Erfinde eigene Steinzeitzeichen
und schreibe damit eine Geschichte.

Zusatzaufgabe – Ägypten

Kannst du einen Satz aus Hieroglyphen schreiben
(oder stempeln)?

ZUSATZAUFGABE – GRIECHENLAND

Findest du noch andere Wörter heraus, die du mit dem griechischen Alphabet schreiben kannst?

Zusatzaufgabe – Mittelalter

Nimm dir die beiden Buchstabenlisten (Groß- und Kleinbuchstaben) und versuche, ein Wort mit den mittelalterlichen Schriftzeichen zu schreiben.

Großbuchstaben

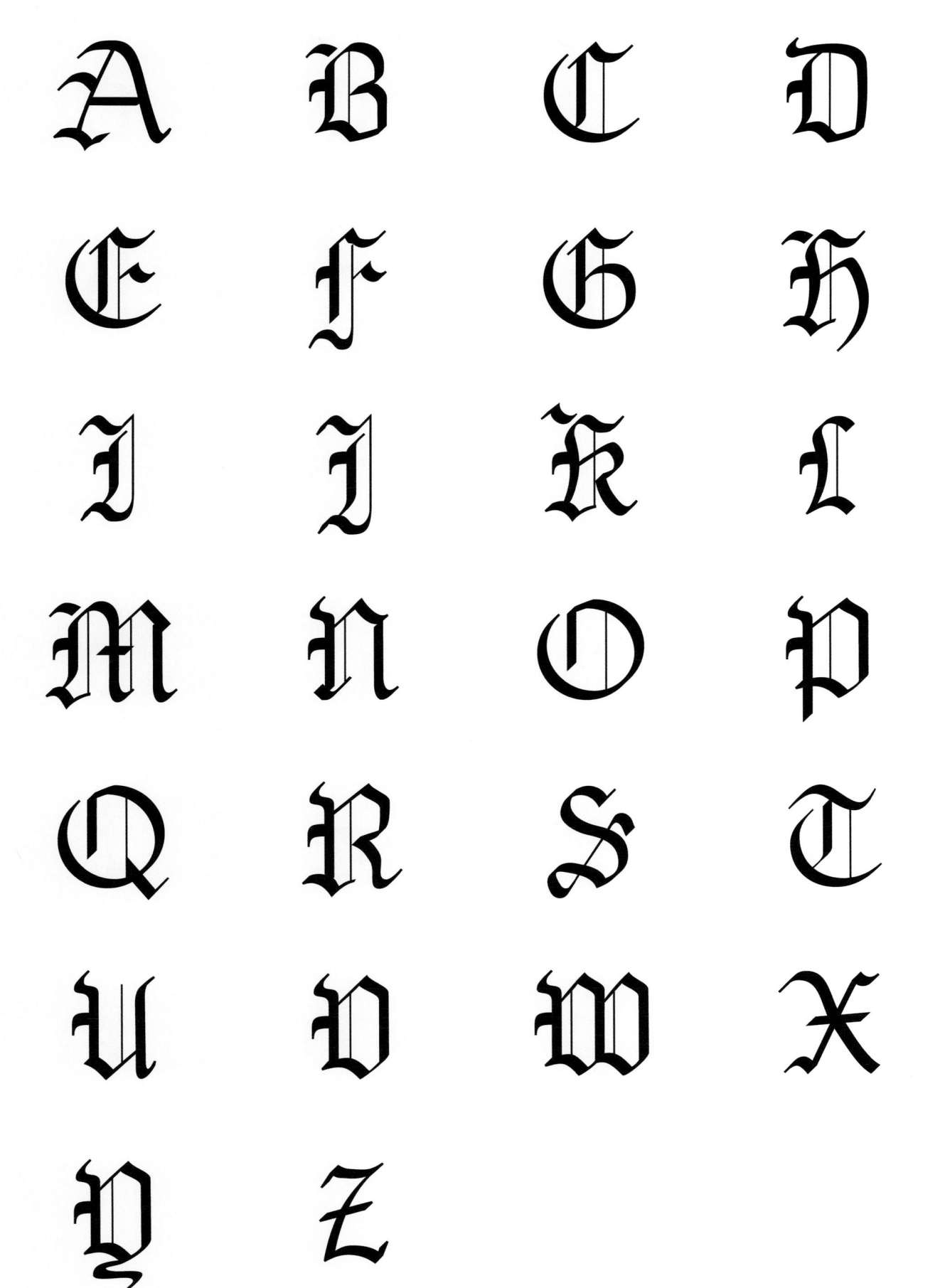

Kleinbuchstaben

a b c d
e f g h
i j k l
m n o p
q r s t
u v w x
y z

Sequenz 5: Forscherheft

Liebe Klasse _____ ,

hat euch die Sache mit der Schrift gefallen? Dann kann die Reise ja weitergehen.

Vor euch liegt jetzt eine richtige Forscherarbeit. Dieses Mal geben wir euch nämlich keine Informationen. Ihr bekommt Forscherhefte, durch die ihr ganz viel über „eure Zeit" herausfinden könnt. Um auf alle Antworten selbst zu kommen, solltet ihr kräftig in euren Infoecken stöbern, vielleicht im Internet suchen oder auch unsere ersten Briefe noch einmal gründlich durchlesen. Wir sind schon gespannt, ob euch die Arbeit Spaß macht und ob ihr euch als echte Forscher bewährt. Also an die Arbeit!

Viel Erfolg wünschen euch

Lea, Tobi, Kiko und *Mia*

PS: Falls ihr etwas gar nicht herausbekommt, könnt ihr auf den Lösungsblättern nachschauen, die wir euch mitschicken. Aber dies ist wirklich nur eine Lösung für den Notfall!

Forscherheft

STEINZEIT

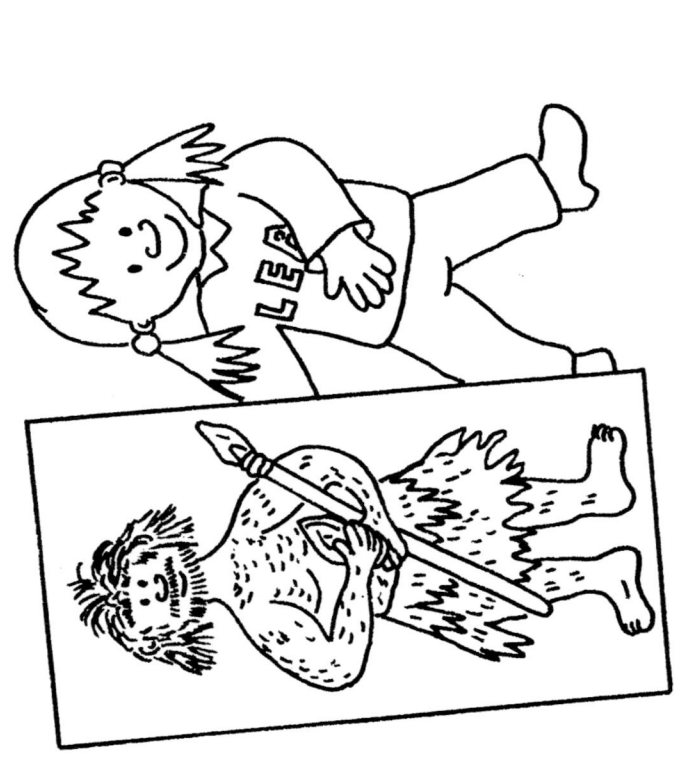

Von: _____

DIE STEINZEIT

Die Steinzeit begann vor ungefähr 2,5 Millionen Jahren mit dem Auftreten der ersten Menschen und endete vor ungefähr 4000 Jahren, als die Menschen lernten, Metall zu bearbeiten.
Die Menschen in der Steinzeit lebten ganz anders als die Menschen heute.

Kinder in der Steinzeit

1. Warum hatten die Kinder in der Steinzeit nur wenig Zeit zum Spielen?

2. Welche Aufgaben hatten die Kinder in der Steinzeit?

3. Gab es in der Steinzeit eine Schule, in der die Kinder Lesen, Schreiben und Rechnen lernten?

4. Wie lernten die Kinder, Kleidung, Werkzeug und Waffen herzustellen?

✂ -

5. Womit spielten die Kinder in der Steinzeit?

Alexandra Hanneforth: Lernwerkstatt Vergangenheit
© Persen Verlag

Das Leben in der Steinzeit

1. Wo wohnten die Steinzeitmenschen?

2. Wie sahen die Steinzeitmenschen aus?

3. Überlege: Warum konnten die Steinzeitmenschen besser sehen, hören und riechen als wir?

4. Welchen Schmuck trugen die Steinzeitmenschen?

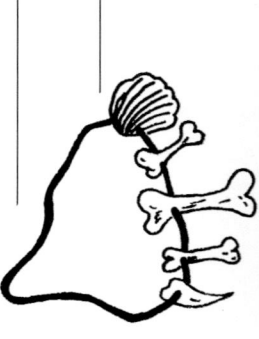

✂ -

5. Was brauchten Steinzeitfrauen, um Kleidung zu nähen?

6. Wie alt wurden die Steinzeitmenschen?

7. Welche Grabbeigaben fand man in den Gräbern der Steinzeitmenschen?

Waffen und Werkzeug

1. Was ist ein Faustkeil?

2. Wozu wurde ein Faustkeil benutzt?

3. Woraus stellten die Steinzeitmenschen Nadeln, Schaufeln, Kämme und andere Dinge her?

4. Warum nennt man die Steinzeit so?

Das Feuer

1. Warum war das Feuer für die Steinzeitmenschen so kostbar? (Wofür brauchten sie Feuer?)

2. Es gab zwei Methoden, wie die Steinzeitmenschen Feuer machten. Findest du sie heraus?

Alexandra Hanneforth: Lernwerkstatt Vergangenheit
© Persen Verlag

PLATZ FÜR EIGENE NOTIZEN:

Die Nahrung

1. Mit welchen Waffen gingen die Steinzeitmänner auf die Jagd?

2. Welche Tiere wurden gejagt?

3. Jagten die Steinzeitmenschen allein oder in der Gruppe?

4. Finde möglichst viele Dinge heraus, die die Steinzeitfrauen als Nahrung sammelten.

Forscherheft
Altes Ägypten

Das Alte Ägypten

Die Zeit der Alten Ägypter begann vor ungefähr 5000 Jahren und dauerte über 3000 Jahre. Die Menschen lebten damals ganz anders als die Menschen heute.

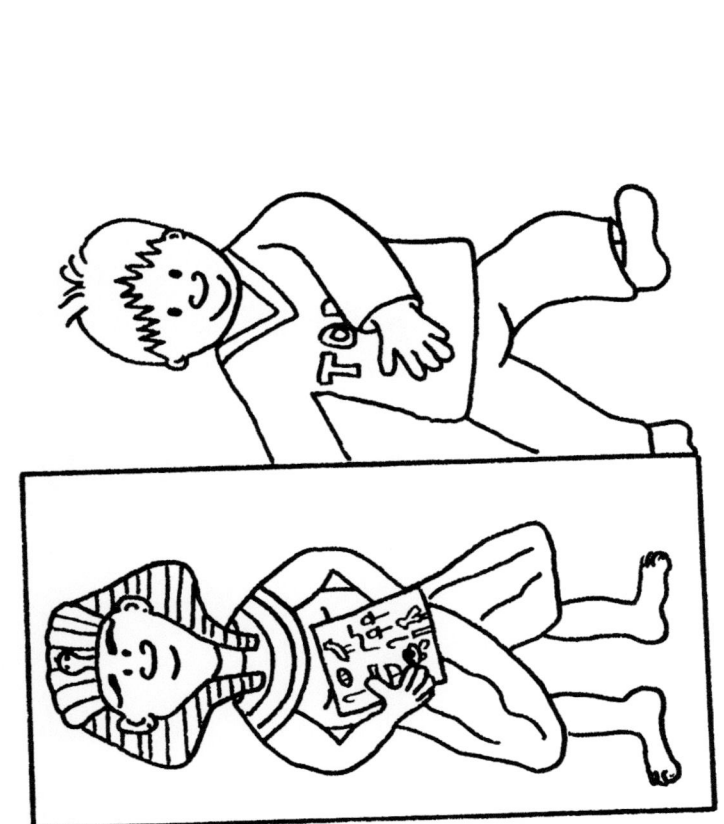

Von: _____

Alexandra Hanneforth: Lernwerkstatt Vergangenheit
© Persen Verlag

Kinder im Alten Ägypten

1. War es für die Ägypter wichtig, viele Kinder zu haben?

2. Wo lernten die Kinder der reichen Familien Lesen, Schreiben und Rechnen?

3. Mit wie viel Jahren mussten die Kinder in diese Schulen gehen?

- -

4. Stimmt es, dass die Kinder der Bauern schon sehr früh bei der Arbeit auf dem Feld oder im Haus mitarbeiten mussten?

5. Womit spielten die ägyptischen Kinder? Welches Spielzeug hatten sie?

4. Was zogen die Alten Ägypter an? Beschreibe!

_____
_____
_____
_____
_____

5. Findest du einige Berufe heraus, die es im Alten Ägypten gab?

_____
_____
_____
_____
_____

✂ -

Das Leben im Alten Ägypten

1. Welchen Beruf hatten die meisten Ägypter?

_____
_____

2. Woraus bauten die Alten Ägypter ihre Wohnhäuser?

_____
_____

3. Beschreibe ein typisches ägyptisches Wohnhaus.

_____
_____
_____
_____
_____
_____
_____

Alexandra Hanneforth: Lernwerkstatt Vergangenheit
© Persen Verlag

Die Pyramiden

1. Warum bauten die Alten Ägypter Pyramiden?
   _____
   _____

2. Zeichne eine Stufenpyramide.

3. Wer baute die größte Pyramide von Giseh?
   _____

4. Wie hoch war die Cheopspyramide früher?
   _____

Der Pharao

1. Was war der Pharao für die Ägypter?
   _____
   _____

2. Was waren die Pflichten des Pharao?
   _____
   _____
   _____

3. Finde drei berühmte Pharaonen heraus!
   _____
   _____

4. Durfte auch eine Frau das Land regieren?
   _____

Die Göttinnen und Götter

1. Ist es wahr, dass die Alten Ägypter an einige hundert Göttinnen und Götter glaubten?

2. Finde drei verschiedene Götter heraus!

3. Wie heißt diese Figur?

4. Wurde auch der Pharao als Gott verehrt?

5. Was ist ein Skarabäus?

Platz für eigene Notizen:

Alexandra Hanneforth: Lernwerkstatt Vergangenheit
© Persen Verlag

Forscherheft

ALTES GRIECHENLAND

Von: _____

DAS ALTE GRIECHENLAND

Die Zeit des Alten Griechenlands begann vor ungefähr 4000 Jahren und dauerte um die 2000 Jahre. Die Menschen lebten damals ganz anders als die Menschen heute.

Kinder im Alten Griechenland

1. Wünschten sich die Alten Griechen viele Kinder?

2. Ist es wahr, dass im Alten Griechenland Kinder manchmal einfach ausgesetzt wurden?

3. In welchem Alter lernten die Jungen Lesen, Schreiben und Musizieren?

4. Gingen die Mädchen auch in die Schule?

5. Welches Spielzeug hatten die griechischen Kinder? Was spielten sie?

6. Mit welchem Alter war die Kindheit zu Ende?

7. Mit welchem Alter wurden Mädchen verheiratet?

Das Leben im Alten Griechenland

1. Welchen Beruf hatten die meisten Griechen?

2. Finde einige Dinge heraus, die die Griechen aßen.

---

3. Waren Männer und Frauen im Alten Griechenland gleichberechtigt?

4. Was waren die typischen Aufgaben einer Frau im Alten Griechenland? Beschreibe!

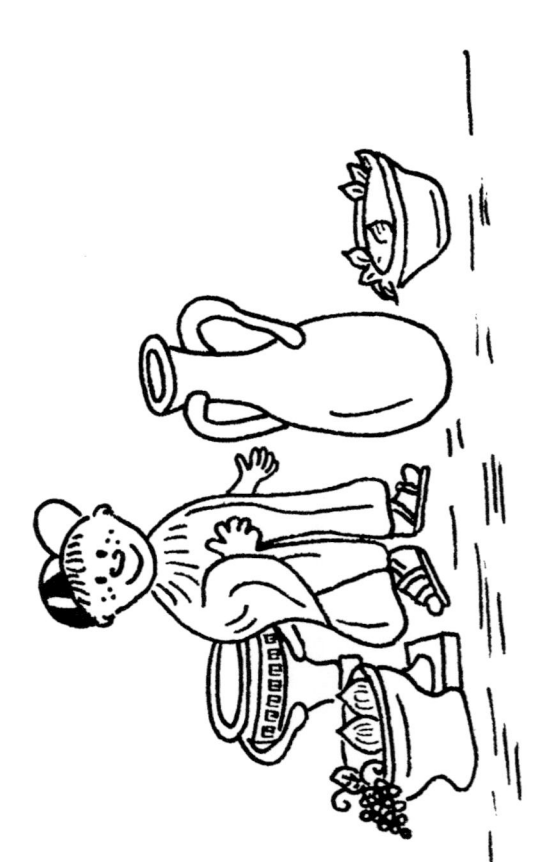

Die Tempel

1. Für wen bauten die Alten Griechen ihre prachtvollen Tempelanlagen?

2. Woraus wurden die Tempel gebaut?

3. Wie heißt dieser heute noch gut erhaltene Tempel?

Die Olympischen Spiele

1. Welcher Gott wurde bei den Olympischen Spielen verehrt?

2. Fanden die Olympischen Spiele in jedem Jahr statt?

3. Was hatten die Sportler bei den Olympischen Spielen an?

4. Durften Frauen bei den Olympischen Spielen zusehen oder mitmachen?

5. Wie heißen diese beiden olympischen Disziplinen?

PLATZ FÜR EIGENE NOTIZEN:

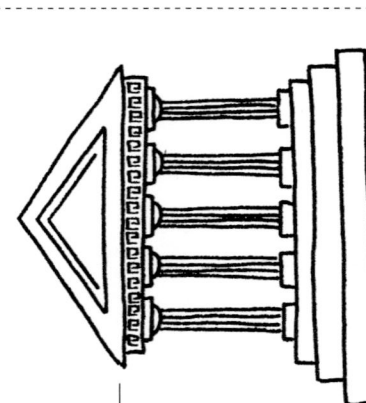

✂ --

Die Götter

1. Die Griechen glaubten an eine ganze Götterfamilie. Findest du einige Götternamen heraus?

_____
_____
_____

2. Die griechischen Götter hatten menschliche Eigenschaften. Was ist damit gemeint?

_____
_____
_____

3. Wer war für die Alten Griechen der Göttervater?

_____
_____

Forscherheft

Mittelalter

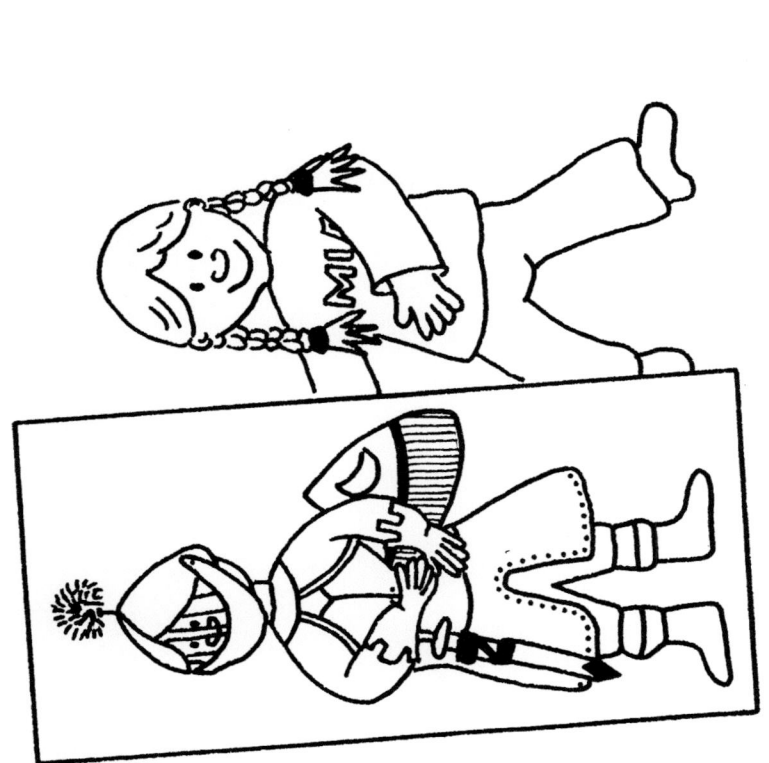

Von: _____

Das Mittelalter

Das Mittelalter begann ungefähr im Jahr 500 und endete im Jahr 1500. Es dauerte also um die 1000 Jahre.
Die Menschen lebten damals ganz anders als die Menschen heute.

Kinder im Mittelalter

1. Was spielten die Kinder im Mittelalter?

2. Welches Spielzeug hatten die Kinder im Mittelalter?

3. Wann begann für die Kinder der „Ernst des Lebens"?

4. Wo gab es die einzigen Schulen im Mittelalter?

✂ -

5. Lernten alle Kinder im Mittelalter Lesen, Schreiben und Rechnen?

6. Wurden die Kinder geschlagen, wenn sie in der Schule nicht aufpassten?

7. Wer war die wichtigste Lehrerin der Mädchen?

8. Was musste ein adeliges Mädchen lernen?

Alexandra Hanneforth: Lernwerkstatt Vergangenheit
© Persen Verlag

Das Leben im Mittelalter

1. Welchen Beruf hatten die meisten Menschen im Mittelalter?

2. Woran zeigte sich, dass die meisten Bauern „Unfreie" waren?

3. Wer hatte im Mittelalter die meiste Macht?

✂ -

4. Was aßen die Menschen im Mittelalter?

5. Welche Handwerker gab es im Mittelalter?

6. Wie alt wurden die Menschen im Mittelalter?

Die mittelalterliche Burg

1. Weshalb wurden Burgen gebaut?

_____

_____

2. Was gehörte zu einer typisch mittelalterlichen Burg? Nenne die wichtigsten Gebäudeteile.

_____

_____

_____

_____

_____

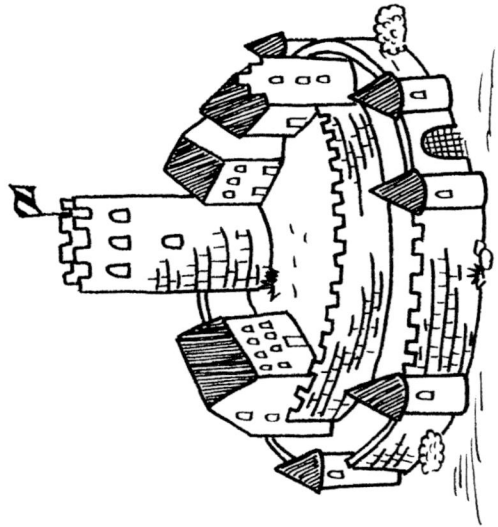

✂ -

Die Ritter

1. Wie wurde man Ritter? Beschreibe!

_____

_____

_____

_____

_____

_____

_____

_____

2. Was war die wichtigste Waffe des Ritters?

_____

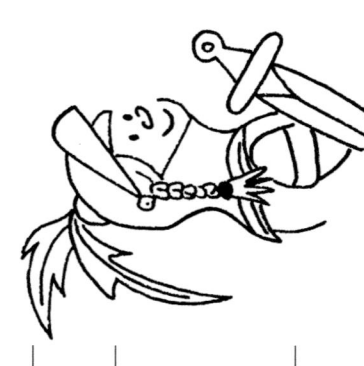

Platz für eigene Notizen:

Die Kirche

1. Woran zeigte sich, dass die Kirche sehr mächtig war?

2. Wann gingen die Menschen im Mittelalter zum Gottesdienst?

3. Ist es wahr, dass im Mittelalter viele Bücher mit der Hand abgeschrieben wurden?

4. Welche Aufgaben hatte der Pfarrer?

Alexandra Hanneforth: Lernwerkstatt Vergangenheit
© Persen Verlag

Lösungsblatt für das Forscherheft „Steinzeit"

Kinder in der Steinzeit

Frage 1 → Sie mussten bei der Arbeit helfen.
Frage 2 → Nahrung und Holz sammeln, auf das Feuer aufpassen, Kleider nähen ...
Frage 3 → Eine Schule gab es nicht.
Frage 4 → durch Abgucken und Nachmachen
Frage 5 → mit Steinen, Holzstücken, Knochensplittern ...

Das Leben in der Steinzeit

Frage 1 → in Höhlen, Schlafmulden, später auch in einfachen Zelten und Hütten
Frage 2 → Die Steinzeitmenschen waren kleiner als heutige Menschen. Sie hatten eine niedrige Stirn und kräftige Kiefer. Aber sonst sahen sie uns sehr ähnlich.
Frage 3 → Sie lebten in der Natur und waren darauf angewiesen, um zu überleben.
Frage 4 → Schmuck aus Knochen, Zähnen, Schneckenhäusern, Steinchen und Muscheln
Frage 5 → Nadeln aus Knochen, Tiersehnen als Faden, Felle, Leder
Frage 6 → kaum älter als 30 Jahre
Frage 7 → Werkzeug, Tonwaren, Schmuck und Waffen

Das Feuer

Frage 1 → Das Feuer wärmte, brachte Licht und wurde zur Zubereitung der Nahrung gebraucht.
Frage 2 → Aneinanderreiben zweier Holzstücke, Funken schlagen mit Feuersteinen

Waffen und Werkzeug

Frage 1 → ein schmaler Stein mit einer scharfen Kante (erstes Werkzeug)
Frage 2 → zum Bearbeiten von Holz, Abschaben und Zerschneiden von Tierhäuten, Bohren von Löchern, Spalten von Knochen und auch als Waffe
Frage 3 → aus Tierknochen
Frage 4 → Werkzeug und Waffen wurden aus Steinen hergestellt.

Die Nahrung

Frage 1 → mit Faustkeilen, Speeren, Pfeilen, Beilen, Steinäxten
Frage 2 → Mammut, Wisent, Hirsch, Auerochse, Wildschwein, Vögel, Fische
Frage 3 → in der Gruppe
Frage 4 → Wurzeln, Kräuter, Früchte, Pilze, Baumrinde, Blätter, Käfer, Vogeleier, Würmer, Heuschrecken ...

Lösungsblatt für das Forscherheft „Altes Ägypten"

Kinder im Alten Ägypten

Frage 1	→	ja, besonders Söhne
Frage 2	→	im Palast oder Tempel
Frage 3	→	mit 5 oder 6 Jahren
Frage 4	→	ja
Frage 5	→	Reifen, Puppen, Tierfiguren auf Rädern, kleine Boote, Bälle, Hampelmänner, Kreisel ...

Das Leben im Alten Ägypten

Frage 1	→	Bauer
Frage 2	→	aus Lehmziegeln (Nilschlammziegel)
Frage 3	→	kleine Fenster, flaches Dach, das als Terasse genutzt wurde ...
Frage 4	→	je nach Beruf und Stand: Lendenschurze, leichte Kleider und Überwürfe, Leder- oder Papyrussandalen ...
Frage 5	→	Bauer, Handwerker (Weber, Schreiner, Töpfer), Schreiber, Diener ...

Der Pharao

Frage 1	→	Herrscher, d. h. Anführer und Beschützer seines Volkes, lebender Gott
Frage 2	→	Schutz vor Überfällen und Hungersnöten, für Ordnung und Gerechtigkeit sorgen
Frage 3	→	Ramses, Tutanchamun, Cheops, Echnaton, Pepi ...
Frage 4	→	ja (z. B. Kleopatra, Hatschepsut)

Die Pyramiden

Frage 1	→	als Grabanlagen
Frage 3	→	Pharao Cheops
Frage 4	→	etwa 147 m hoch

Die Göttinnen und Götter

Frage 1	→	ja
Frage 2	→	Osiris, Isis, Amun, Bes, Anubis, Re, Hathor, Thot ...
Frage 3	→	Sphinx
Frage 4	→	ja
Frage 5	→	Glücksbringer/Amulett, hat die Form eines Pillendreher-Käfers und symbolisiert den Sonnengott Chepri

Lösungsblatt für das Forscherheft „Altes Griechenland"

Kinder im Alten Griechenland

Frage 1 → nein
Frage 2 → ja, v. a. wenn sie missgebildet waren
Frage 3 → mit ungefähr 7 Jahren
Frage 4 → nein
Frage 5 → Rasseln, Wippen, Bälle, Drachen, Tierfiguren ...
Frage 6 → mit 12 oder 13 Jahren
Frage 7 → mit 13 oder 14 Jahren

Das Leben im Alten Griechenland

Frage 1 → Bauer
Frage 2 → Wein, Brot, Oliven, Feigen, Linsen, Erbsen, Zwiebeln, Knoblauch, Fisch, Fleisch ...
Frage 3 → nein, Frauen durften viele Dinge nicht
Frage 4 → Spinnen und Weben, den Haushalt führen, Wasser holen

Die Olympischen Spiele

Frage 1 → Zeus
Frage 2 → nein, nur alle 4 Jahre
Frage 3 → nichts, sie waren nackt
Frage 4 → nein
Frage 5 → Speerwerfen, Diskuswerfen

Die Tempel

Frage 1 → für ihre Götter, aber auch, um die eigene Macht zu demonstrieren
Frage 2 → Kalkstein oder Marmor
Frage 3 → Cerestempel

Die Götter

Frage 1 → Zeus, Hera, Poseidon, Apollon, Hermes, Aphrodite, Athene ...
Frage 2 → sie verliebten sich, heirateten, stritten, machten Musik, bekamen Kinder ...
Frage 3 → Zeus

Lösungsblatt für das Forscherheft „Mittelalter"

Kinder im Mittelalter

Frage 1 → Blindekuh, Seilhüpfen, Fangen, Verstecken ...
Frage 2 → Puppen aus Holz oder Ton, Kreisel, Bälle, Murmeln, Steckenpferdchen ...
Frage 3 → mit 7 Jahren
Frage 4 → in den Klöstern und Kirchen
Frage 5 → nein, die meisten gingen nicht zur Schule
Frage 6 → ja
Frage 7 → meist die Mutter
Frage 8 → Spinnen, Sticken, Nähen ...

Das Leben im Mittelalter

Frage 1 → Bauer
Frage 2 → Sie brauchten zum Verlassen ihres Wohnorts, zum Heiraten usw. die Erlaubnis ihres Herrn.
Frage 3 → Adelige und die Kirche
Frage 4 → Brot, Brei aus Weizen-, Roggen- und Hafermehl, Gemüse, Rind-, Schweine- und Hammelfleisch, Wild ...
Frage 5 → Dachdecker, Maurer, Steinmetze, Zimmerleute, Schuster, Schmiede ...
Frage 6 → ungefähr 30 Jahre

Die Ritter

Frage 1 → mit 7 bis 12 Jahren Dienst als Page, dann Dienst als Knappe, mit etwa 20 Jahren wurde man zum Ritter geschlagen
Frage 2 → das Schwert

Die Burg

Frage 1 → zum Schutz gegen Angreifer
Frage 2 → Bergfried, Palas, Wehrgang, Burgtor, Torgraben, Kapelle, Wehrmauer ...

Die Kirche

Frage 1 → Sie nahm Einfluss auf das tägliche Leben. Sie hatte eigene Ländereien, konnte Gesetze machen und Steuern einnehmen.
Frage 2 → jeden Sonntag
Frage 3 → ja
Frage 4 → Vorbereiten des Gottesdienstes, Taufen, Eheschließungen, Beerdigungen, sich um Arme und Kranke kümmern ...

 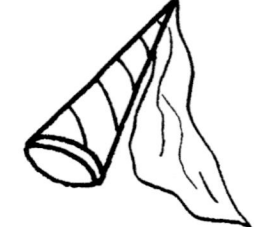

Liebe Klasse _____,

jetzt seid ihr schon ganz schön weit gereist. Toll, wie fleißig ihr in euren Forscherheften gearbeitet habt. Was haltet ihr denn von der Tatsache, dass in der Vergangenheit viele Kinder überhaupt nicht zur Schule gehen mussten oder konnten? Wir sind da etwas unterschiedlicher Meinung.

Ist euch beim Stöbern in den Büchern eigentlich aufgefallen, dass die Menschen früher ganz andere **Kleidung** trugen als heute?

Klar, so eine Ritterrüstung hat bestimmt jeder von euch schon einmal gesehen. Aber habt ihr euch einmal Gedanken darüber gemacht, was so eine Rüstung eigentlich wiegt – oder was ein Ritter unter seiner Rüstung trug? Davon hatten wir ehrlich gesagt bis vor kurzem auch keine Ahnung!

Besonders schick fanden wir ja die Kleidung der vornehmen Ägypterinnen und Ägypter. Aber das ist auch kein Wunder. Die Ägypter liebten Schönheit und Mode. Wer es sich leisten konnte, hatte viele Perücken.

Bei Festen stellte man sich einen Kegel aus parfümiertem Tierfett auf die Perücke. Das sah dann ungefähr so aus: Nach einer Weile schmolz das Fett und floss die Perücke hinunter.

Aber auch im Antiken Griechenland legte man großen Wert auf Schönheit und Sauberkeit. Obwohl bei den jungen Männern Nacktheit als ganz normal galt (wir erinnern an die Olympischen Spiele!), trugen die Griechen natürlich auch Kleidung. Übrigens fanden die Menschen im Alten Griechenland Sonnenbräune gar nicht schön. Als Sonnenschutz trugen sie deshalb Hüte.

Kleidung in der Steinzeit wurde zuerst aus Leder und Tierfellen gemacht.

Aber am besten beschäftigt ihr euch einmal selbst mit dem Thema „Kleidung". Vielleicht könnt ihr sogar etwas herstellen?

Wir schicken euch mal ein paar unserer Ideen. Wahrscheinlich fällt euch aber auch noch etwas ein. Wir wünschen euch weiterhin viel Spaß.

 Eure modebewussten *Vier*

KLEIDUNG IN DER STEINZEIT

Die ersten Menschen lebten in Ostafrika. Weil es dort trocken und warm war, brauchten sie keine Kleidung. Später, als die Menschen auch in kälteren Gegenden lebten, begannen sie, Kleidung aus Fell und Leder ihrer Beutetiere herzustellen.

Sie schabten das Fleisch mit einem Stein sauber, rieben die blutige Seite mit Asche ein und glätteten das Leder. Zum Nähen benutzten die Steinzeitfrauen Knochennadeln und Tiersehnen.

Als man in der Jungsteinzeit mit der Schafzucht begann, erfanden die Menschen auch Kleidung aus Wolle. Diese setzte sich schnell durch.

STEINZEITLICHE FELLHANDSCHUHE

Stelle dir ein Paar steinzeitliche Fellhandschuhe her.

So geht's:
1. Lege deine Hand auf ein Blatt Papier und zeichne den Umriss – wie bei einem Fausthandschuh - grob nach. Gib aber etwas Platz für die Naht dazu.
2. Schneide deine Schablone aus und zeichne deine Hand zweimal auf die Rückseite von einem Stück Fell.
3. Schneide nun deine Fellteile aus.
4. Nähe die beiden Teile mit dem Schlingstich zusammen. (Damit es einfacher wird, benutzen wir eine richtige Nadel!)

Schlingstich

Kleidung im Alten Ägypten

„Lege Myrrhe auf dein Haupt und kleide dich in schöne Gewänder" heißt es in einem altägyptischen Lied. Die Ägypter legten viel Wert auf Schönheit und Mode.

Schaut man sich Abbildungen aus dieser Zeit an, so fällt sofort der weitverbreitete Lendenschurz auf. Dies war ein Leinentuch, das um die Hüfte gewickelt und mit einem besonderen Knoten befestigt wurde. Der Pharao kleidete sich mit besonders feinem Leinen, während Arbeiter Schurze aus grobem Stoff trugen.

Frauen hatten meist lange Kleider und schön plissierte (das heißt in ganz kleine Falten gelegte) Umhänge an.

Die meisten Ägypter trugen sehr kurzes Haar, auf das sie zum Teil sehr kunstvoll gearbeitete Perücken setzten. Wer es sich leisten konnte, trug zur Kleidung aufwändig hergestellten Schmuck aus Gold und Halbedelsteinen.

Im Alten Ägypten schminkten sich Männer und Frauen. Diese Schminke stellten sie aus Mineralien und Fett her.

Ägyptische Anziehfigur

Bastle eine ägyptische Anziehfigur.

So geht's:
1. Male die Figur und die Kleidungsstücke schön an.
2. Schneide die Teile sorgfältig aus. Achte darauf, dass du die Knicklaschen nicht abschneidest.
3. Nun kannst du deine Figur anziehen.

Ägyptische Anziehfigur

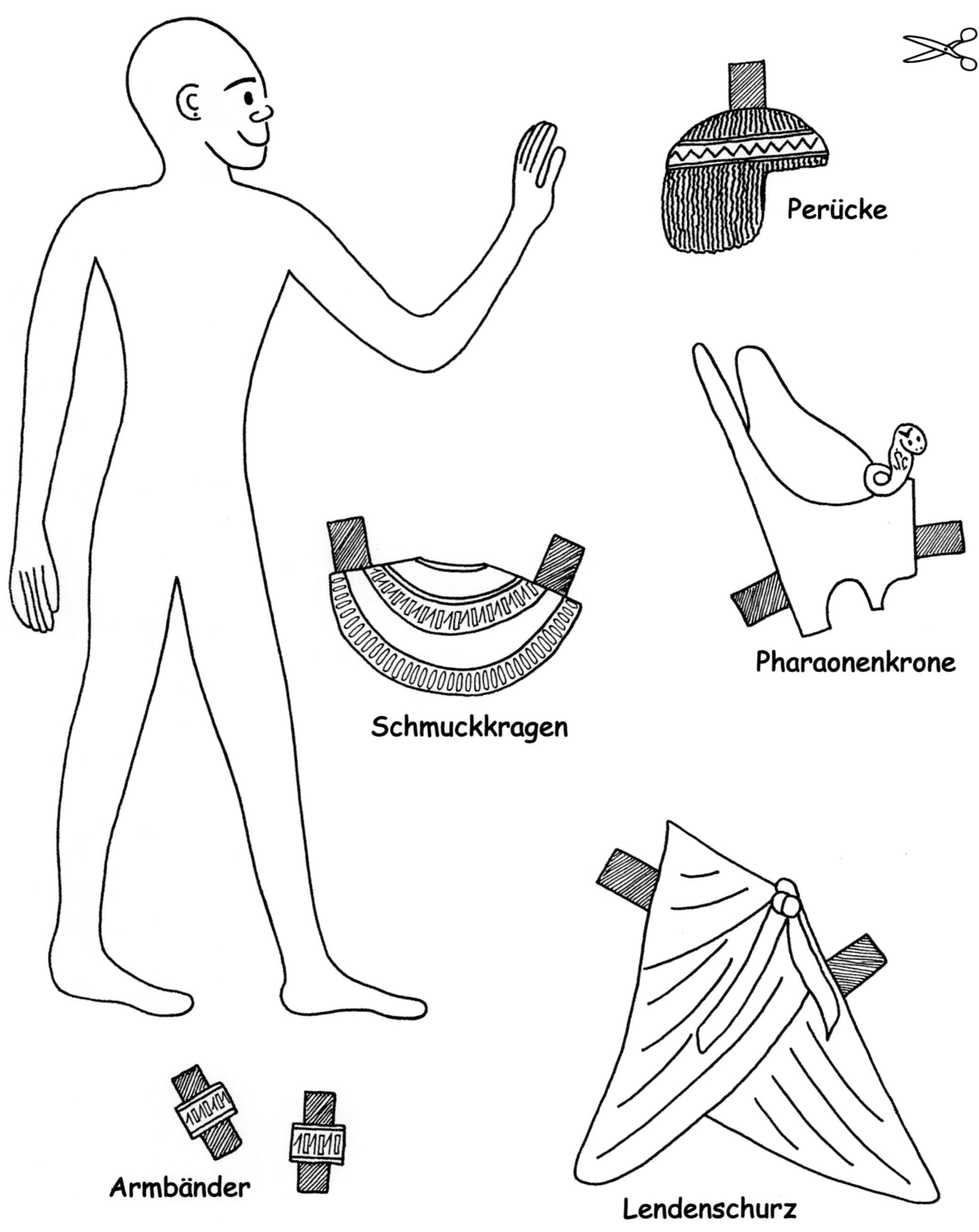

Ägyptische Perücke

Eine Perücke kannst du ganz leicht selbst herstellen.

So geht's:
1. Nimm ein Buch und wickle schwarze Wolle in mehreren Lagen darum. (Je mehr du wickelst, desto dicker wird die Perücke!)
2. Schiebe einen Faden unter die Wolle und verknote ihn fest.
3. Schneide die Wolle auf der dem Knoten gegenüberliegenden Seite durch.
4. Nun kannst du deine Perücke auf die richtige Länge schneiden.
5. Bemale einen Tonkartonstreifen mit altägyptischen Mustern und befestige ihn als Stirnband über deiner Perücke.

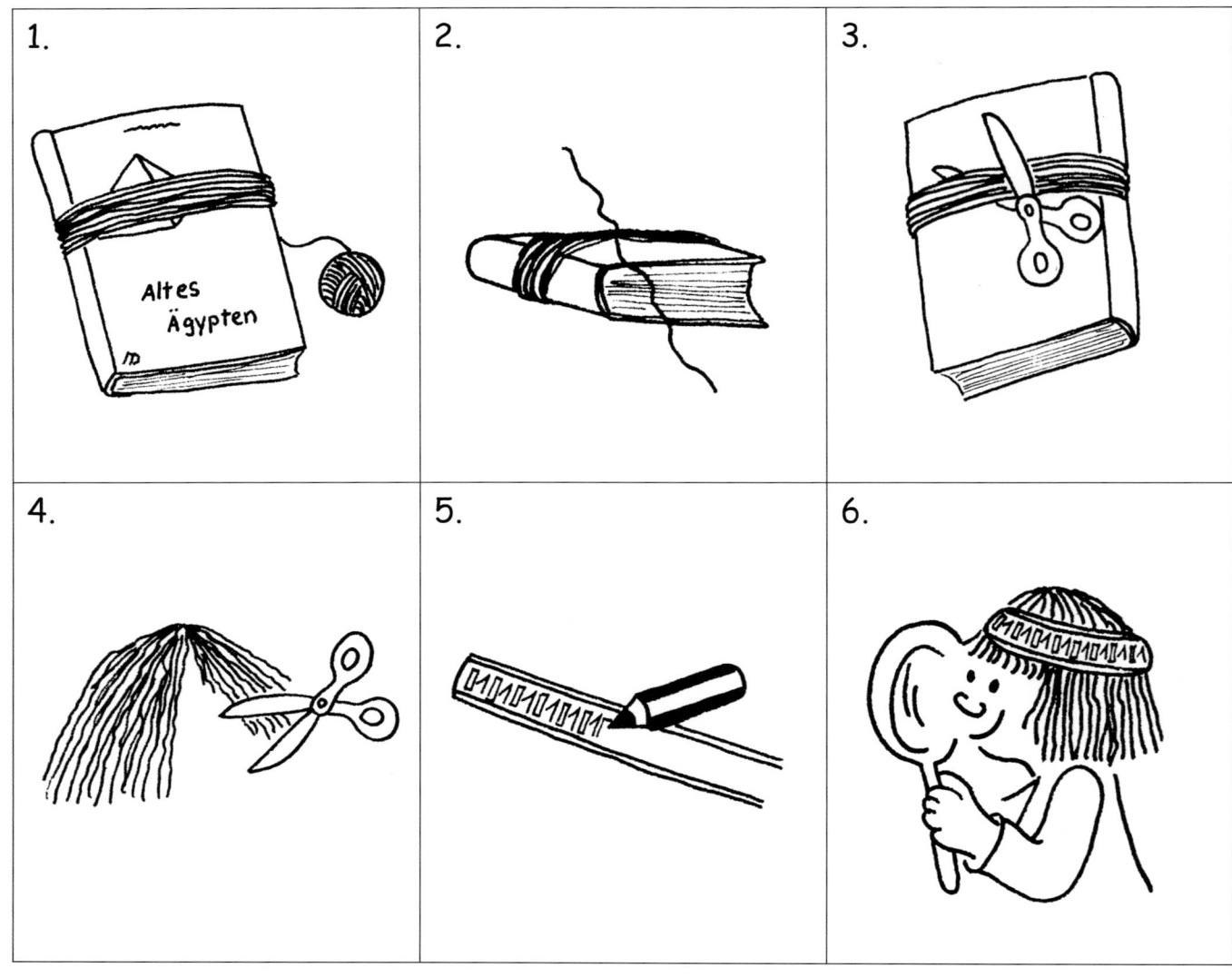

CHITON – EIN GRIECHISCHES GEWAND

Die Griechen legten großen Wert auf Schönheit und Sauberkeit. Sie verarbeiteten Schafwolle so fein, dass ihre Gewänder dünner und leichter waren als Wollkleidung von heute. Wer es sich leisten konnte, kaufte Seide aus dem Osten.

Ein im antiken Griechenland weit verbreitetes Kleidungsstück war der Chiton. Dieses Gewand bestand aus zwei rechteckigen Stoffbahnen, die an den Schultern an mehreren Stellen (nicht durchgehend) zusammengenäht waren. Durch einen Gürtel bekam das Gewand den richtigen Halt.

Die Kleidung der Frauen, Männer und Kinder unterschied sich oft nur durch die Länge. Kindergewänder waren kürzer, damit man in ihnen auch spielen und toben konnte.

ANZIEHFIGUR MIT CHITON

Hast du Lust, einen Chiton zu nähen?

So geht's:
1. Male die Figur an und schneide sie sorgfältig aus.
2. Schneide zwei rechteckige Stoffstücke (ungefähr 11 cm x 12 cm) zu.
3. Lege die Stoffstücke genau aufeinander und nähe sie an der Schulterkante an mehreren Stellen mit jeweils 2 Stichen zusammen.
   Achtung: Lass eine Lücke für den Kopf.
4. Ziehe deine Figur an und befestige das Gewand mit einem um die Taille gebundenen Gürtel.

GRIECHISCHE ANZIEHFIGUR

Die Ritterrüstung

Die typische Ritterrüstung gibt es eigentlich gar nicht. Die Ausrüstung eines Ritters veränderte sich nämlich im Laufe des Mittelalters. Zuerst trugen Ritter vorwiegend Lederpanzer mit Metallschuppen. Dann kamen Metallschienen für die Beine und ein Helm dazu.

Um die Verletzungsgefahr zu verringern, wurde die Rüstung immer weiter ergänzt. Ein Kettenhemd, Brust-, Bein- und Kniepanzer und der Topfhelm sollten den Ritter von Kopf bis Fuß schützen. So eine Rüstung konnte 20 kg wiegen. Dazu kamen das Schwert, die Lanze und das Schild, die zusammen noch einmal 10 kg wiegen konnten.

Bei diesem Gewicht war es nicht ungewöhnlich, dass der Ritter auf sein Pferd gehoben werden musste.

Da die Ritter in voller Rüstung nicht mehr zu erkennen waren, benutzten sie farbige Wappen auf Helm und Schild.

Das Kettenhemd

Hier siehst du einen Teil eines Kettenhemdes. Jeder Ring ist mit mehreren anderen verbunden. Versuche, mit Draht ein kleines Stück Kettenhemd nachzubauen.

Ritter-Anziehfigur

Bastle eine Ritter-Anziehfigur.

So geht's:
1. Male die Figur und die Rüstungsteile schön an.
2. Schneide die Teile sorgfältig aus. Achte darauf, dass du die Knicklaschen nicht abschneidest.
3. Ziehe deine Ritterfigur nun an. Beachte dabei die Reihenfolge.

Ritter-Anziehfigur 1

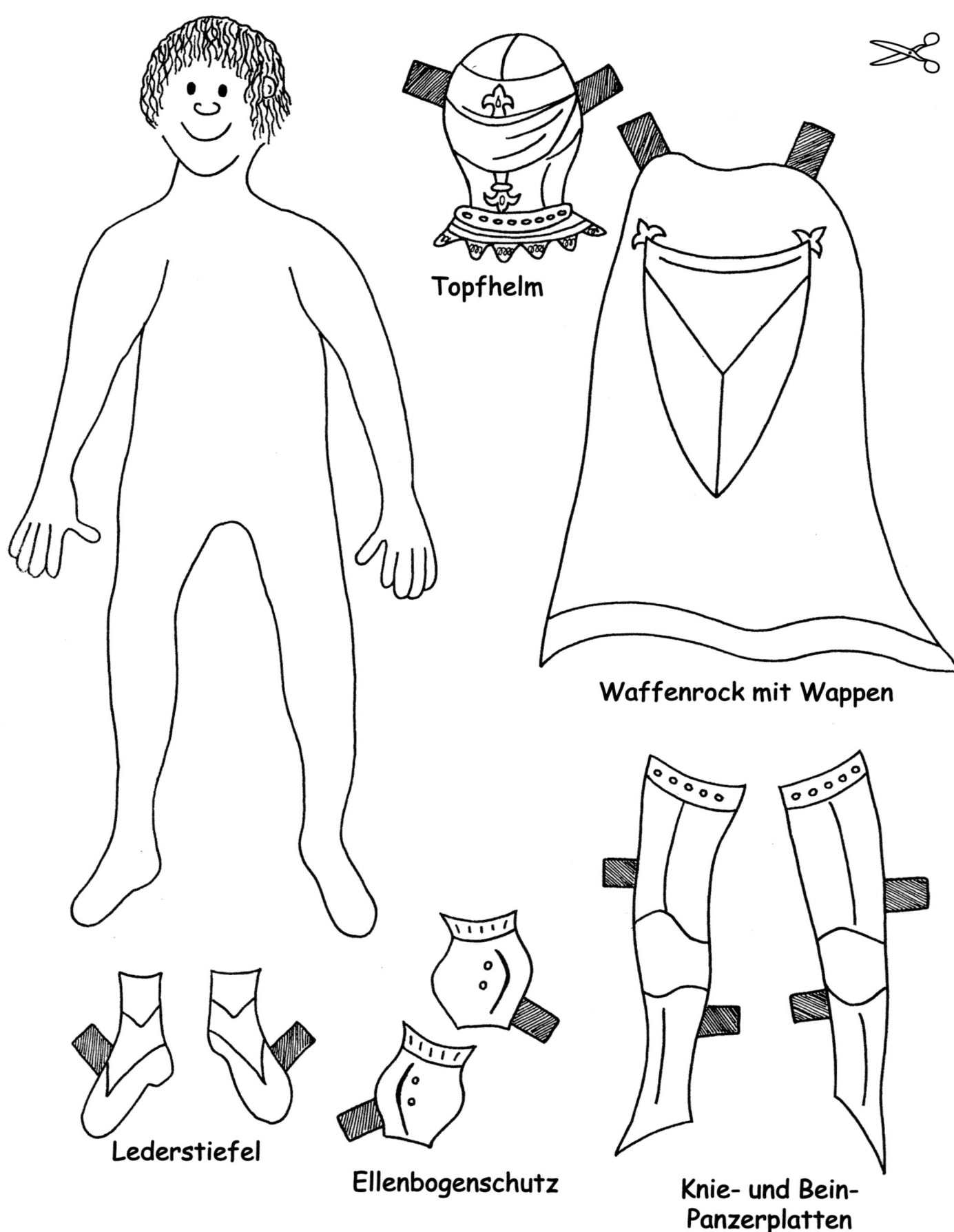

Topfhelm

Waffenrock mit Wappen

Lederstiefel

Ellenbogenschutz

Knie- und Bein-Panzerplatten

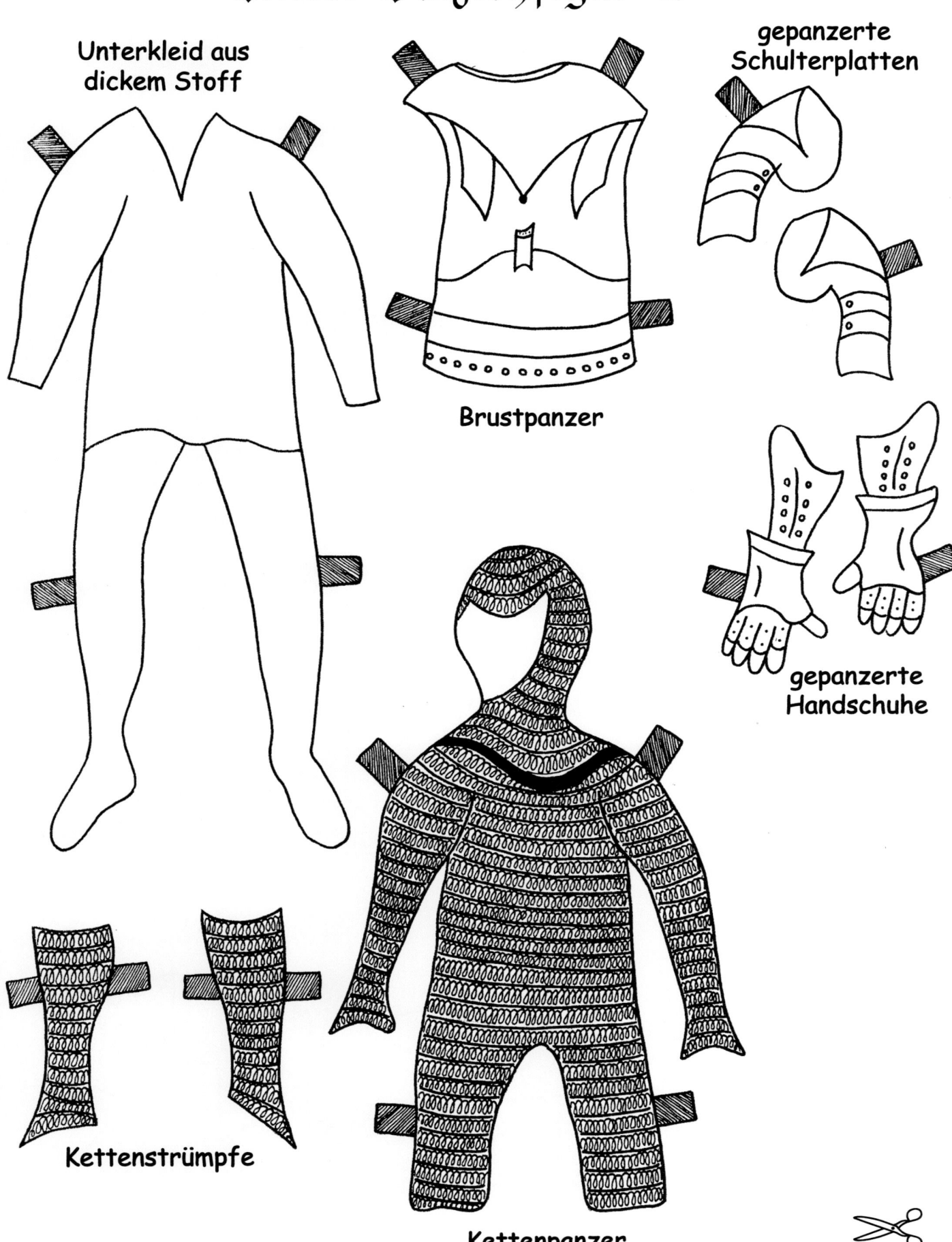

Liebe Klasse _____,

es tut uns leid, dass wir uns jetzt erst melden, aber wir hatten in den letzten Tagen ziemlich viel zu tun.

Jetzt kann unsere Reise aber weitergehen. Ihr seid nun also Experten der Kunst, Schrift, Kleidung und des Alltagslebens. Unser nächstes Reiseziel ist das Thema „**Gebäude**". Euch ist ja sicher klar, dass die Häuser nicht immer so aussahen wie heute.

Auf die ägyptischen Pyramiden und Tempelanlagen ist die „Ägyptengruppe" sicher schon gestoßen und eine alte Ritterburg kennen bestimmt die meisten von euch.

Wie wäre es denn, wenn ihr solche Bauwerke einmal nachbaut?

Uns hat das jede Menge Spaß gemacht und was meint ihr, wie beeindruckt unsere Eltern waren! Etwas Bastelmaterial schicken wir euch gleich mit. Und falls euch noch etwas fehlt, findet ihr bei euch zu Hause bestimmt noch das eine oder andere, das man gebrauchen könnte.

Wir wünschen euch genauso viel Spaß wie wir dabei hatten.

Viele Grüße
Lea, Tobi, Kiko und Mia

PS: Baut nicht gleich drauflos, sondern macht euch erst einen Bauplan. Dann geht garantiert nichts schief und ihr habt noch Zeit, das fehlende Material zu besorgen.

„GEBÄUDE" IN DER STEINZEIT

In der Steinzeit wohnten nicht alle Menschen in Höhlen. Weil die Jäger den Tierherden folgten, erfanden die Menschen „Häuser", die sie schnell auf- und abbauen konnten. Diese Zelte bestanden aus Ästen, großen Tierknochen oder Mammutstoßzähnen. Verkleidet wurde das Gerüst mit Gras, Laub, Moos oder Tierhäuten.

Erst gegen Ende der Steinzeit, als die Menschen anfingen, Tiere zu züchten und Getreide anzubauen, entstanden feste Häuser aus Holz mit einem Schilfdach. Manche dieser Häuser standen auf Pfählen.

Gebäude im Alten Ägypten

Die bekanntesten Gebäude des Alten Ägypten sind die riesigen Pyramiden. Gebaut wurden sie als Grabmal für den Pharao. Die ersten Pyramiden waren stufenförmig. Später wurden sie mit glatten Wänden gebaut.
Für ihre Götter errichteten die Ägypter herrliche Tempel mit hohen Steinsäulen, Obelisken und riesigen Statuen.
Die Wohnhäuser (auch der Palast des Pharaos) wurden aus luftgetrockneten Lehmziegeln gebaut. Sie hatten ein Flachdach, das als Terrasse genutzt wurde. Zu den Wohnhäusern der Reichen gehörten schöne Gärten.

GEBÄUDE IM ALTEN GRIECHENLAND

Für ihre Götter bauten die Griechen prächtige Tempel aus Kalkstein und Marmor. Die Dächer und Decken bestanden aus Holz. Verziert waren die Tempel mit kunstvollen Säulen und Skulpturen.
Gewöhnliche Wohnhäuser bestanden nicht aus Stein, sondern aus Lehmziegeln, die an der Sonne getrocknet wurden. Weil dieses Baumaterial nicht besonders hart war, lässt sich heute nicht mehr genau sagen, wie ein typisches Wohnhaus aussah. Viele Häuser hatten einen Innenhof und einen Garten.
Zu den besonders eindrucksvollen Bauwerken des Alten Griechenland gehören die Theater. Die Zuschauer saßen auf nach oben ansteigenden Sitzreihen.

✂ -

Gebäude im Mittelalter

Burgen wurden nicht nur zum Schutz gegen Angreifer gebaut. Sie sollten auch zeigen, wie mächtig der Burgherr war. Eine große, prachtvolle Burganlage signalisierte Wohlstand.
Bauernhäuser waren meist längliche Fachwerkhäuser. Sie bestanden aus einem stabilen Holzgerüst, dessen Zwischenräume mit einem Gemisch aus Ästen, Lehm und Stroh gefüllt waren. Solche Häuser hatten meist nur einen großen Raum. Mensch und Tier lebten unter einem Dach. In den Städten gab es aber auch Gebäude mit bis zu fünf oder sechs Stockwerken.
Besonders beeindruckend sind die riesigen Kathedralen, an denen jahrelang gebaut wurde.

Historisches Gebäude

1. Welches typische Gebäude soll gebaut werden?
   _____

2. Welches Material wird für den Bau benötigt?
   _____
   _____
   _____
   _____

3. Wer ist der Bauherr?
   _____

4. So soll das Gebäude ungefähr aussehen (grobe Skizze):

Liebe Klasse _____,

heute erwartet euch eine mathematische Forscherreise. Wusstet ihr eigentlich, dass das Wort „Mathematik" aus dem Alten Griechenland stammt? Kein Wunder, da lebten nämlich viele berühmte Mathematiker, die so wichtige Dinge herausfanden, dass sie die Kinder auch heute noch in der Schule lernen müssen.

Aber warum brauchten die Menschen überhaupt Zahlen? Nun, sie brauchten sie z.B., wenn sie einen Säbelzahntiger gegen acht Speere eintauschen wollten oder wenn ein Jäger den anderen Steinzeitmenschen erzählen wollte, dass er drei Mammuts in der Nähe gesehen hat. Hirten wollten wissen, wie viele Tiere zu ihrer Herde gehörten, und um eine Pyramide zu bauen, musste vorher genau berechnet werden, wie viele Steine benötigt würden.

Die „Erfindung" der Zahlen ermöglichte den Menschen, Zeiten, Gewichte, Preise, Entfernungen und Flächen zu berechnen und erleichterte somit in vielen Bereichen das Leben.

Zahlen wurden aber nicht von Anfang an so geschrieben wie wir sie heute kennen. Die ersten Zahlen waren wahrscheinlich einfach Striche in der gemeinten Anzahl wie bei einer Strichliste. Die Ägypter erfanden eigene Zahlzeichen, und römische Zahlen habt ihr vielleicht schon einmal gesehen, weil sie auch heute noch manchmal auf Uhren benutzt werden.

Nun geht es aber los mit eurer eigenen
Reise in die Welt der Mathematik.

Viel Spaß wünschen dabei

Lea, Tobi, Kiko und *Mia*

INFOBLOCK STEINZEIT

Von: _____

Vor ungefähr 30 000 Jahren begannen die Menschen damit, die Anzahl von Dingen „festzuhalten". Da sie noch keine Zahlen kannten, legten sie z. B. für jedes erlegte Beutetier ein Steinchen zur Seite.

Irgendwann kamen die Menschen dann auf die Idee, Kerben in Knochen zu ritzen. Einer dieser gefundenen Knochen ist ungefähr 11 000 Jahre alt.

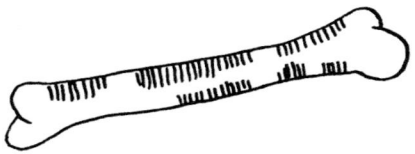

Eines der ersten Rechenhilfsmittel waren die Finger. Mit ihnen konnten die Menschen kleine Mengen zählen. Alles, was darüber hinausging, waren eben „viele". Vielleicht kamen sie dabei aber auch schon auf die Idee, auf „volle Hände" umzuwechseln. Forscher vermuten, dass Steinzeitmenschen es wie heutige Naturvölker in entlegenen Gegenden der Welt gemacht haben könnten: Dabei setzen sich drei Menschen nebeneinander. Der Erste beginnt mit Fingern zu zählen. Sind beide Hände voll, werden diese 10 Finger gegen den ersten Finger der zweiten Person umgetauscht usw.

Das Mammut

Das Wollmammut war etwa dreieinhalb Meter groß und wog zwischen 6 und 10 Tonnen. Es hatte eine 10 cm dicke Fettschicht, die es vor der Kälte der Eiszeit schützte. Die Stoßzähne waren im Durchschnitt 2,50 m lang. Forscher fanden aber auch Mammut-Stoßzähne, die noch 1,70 m länger waren. In Deutschland starb das Mammut vor etwa 13 000 Jahren aus.

ARBEITSKARTE - STEINZEIT

1. Zähle wie die ersten Menschen.
   Nimm eine Hand voll Bohnen und male für jede zur Seite gelegte Bohne einen Strich auf den Knochen.

2. Warum kann man nicht genau sagen, wie diese Zahl heißt?

   _____

   _____

   _____

   _____

3. Welche Zahlen sind gemeint?

   | Hunderter | Zehner | Einer | | Hunderter | Zehner | Einer |

   _____   _____

4. Stelle diese Zahlen als Fingerbilder dar.

             123   1000

   | Hunderter | Zehner | Einer | | Hunderter | Zehner | Einer |

5. Wie viel größer ist das Wollmammut als du selbst? _____

6. Wie lang waren die größten gefundenen Mammut-Stoßzähne? _____

Infoblock
Altes Ägypten

Von: _____

Die Alten Ägypter hatten sieben verschiedene Zahlzeichen:

⎮	Strich	→ 1
∩	Schlinge	→ 10
℮	aufgerollte Schnur	→ 100
⚘	Lotosblüte	→ 1 000
⌒	Finger	→ 10 000
⌢	Kaulquappe	→ 100 000
𓀀	kniender Gott	→ 1 000 000

Das Zeichen wurde so oft von 1 bis 9 wiederholt, wie man es braucht. Die Zahl 213 wurde so geschrieben:

Eine Null kannten die Ägypter nicht.

Die Ägypter kannten kein Einmaleins. Sie konnten aber trotzdem große Malaufgaben lösen. Dabei mussten sie nur verdoppeln und Plusrechnen können.

```
9 · 12 =

1      12
2      24
4      48
8      96
9     108

Ergebnis:
9 · 12 = 108
```

Erklärung:
→ 1 · 12 = 12
→ 12 verdoppelt = 24
→ 24 verdoppelt = 48
→ 48 verdoppelt = 96

Um das Ergebnis von 9 · 12 zu bekommen, muss man die Zahlen, die hinter der 1 und der 8 stehen, zusammenrechnen.
Bei der Aufgabe 8 · 12 landet man direkt beim Ergebnis (nämlich 96).

Die Cheops-Pyramide

Der Pharao Cheops regierte von 2551 bis 2528 vor Christus. Seine Pyramide ist die größte der drei großen Pyramiden, die in Giseh stehen.
Diese Pyramide war ursprünglich 146,60 m hoch und wog 6 Millionen Tonnen. Heute fehlt ihre Spitze, sodass sie noch etwa 137 m hoch ist.

Arbeitskarte – Altes Ägypten

1. Wie heißen diese Zahlen?

   _____   _____   _____   _____

2. Schreibe wie die Ägypter.

   24 _____

   324 _____

   105 _____

   80 _____

3. Es war egal, wenn die ägyptischen Schreiber nicht ordentlich hintereinander schrieben. Ist dies bei uns auch so?

   _____

   _____

   _____

4. Rechne wie die Alten Ägypter.

   $8 \cdot 17 =$ _____ $9 \cdot 13 =$ _____

5. Wie viele Jahre regierte der Pharao Cheops? _____

6. Wie hoch war die ursprüngliche Spitze der Cheopspyramide? _____

INFOBLOCK ALTES GRIECHENLAND

Von: _____

Der griechische Mathematiker Euklid schrieb vor über 2000 Jahren das erste Lehrbuch der Mathematik. Neben vielen anderen Dingen bewies er, dass es unendlich viele Primzahlen gibt.
Primzahlen sind natürliche Zahlen, die man nur durch 1 und durch sich selbst teilen kann. Teilt man eine Primzahl durch eine andere Zahl, bleibt ein Rest.

Die ersten Primzahlen sind:

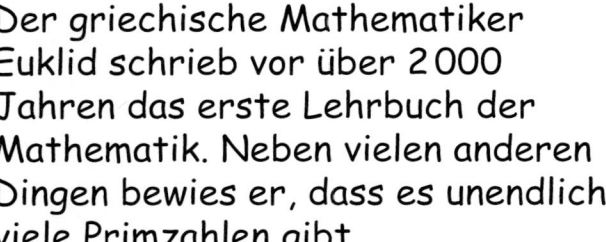

8 ist keine Primzahl, weil man sie auch durch 2 und durch 4 teilen kann.

Es gibt fünf verschiedene platonische Körper. Sie wurden nach dem griechischen Philosophen Platon benannt.
Die platonischen Körper haben alle unterschiedlich viele Seiten.
Auch der Würfel gehört zu den platonischen Körpern.

 Tetraeder (besteht aus 4 gleichseitigen Dreiecken)

 Würfel (besteht aus 6 Quadraten)

 Oktaeder (besteht aus 8 Dreiecken)

 Dodekaeder (besteht aus 12 Fünfecken)

 Ikosaeder (besteht aus 20 gleichseitigen Dreiecken)

Alexander der Große

Alexander der Große ist einer der berühmtesten Feldherren gewesen. Ab seinem 13. Lebensjahr wurde er von dem griechischen Philosophen Aristoteles vor allem in Mathematik und Politik unterrichtet.
Mit 20 Jahren wurde er im Jahr 336 vor Christus König. In vielen Feldzügen und mit einer riesigen Armee eroberte er in nur 11 Jahren ein riesiges Reich.
Im Jahr 323 vor Christus starb Alexander der Große an Fieber.

ARBEITSKARTE - ALTES GRIECHENLAND

1. Finde heraus, welche Zahlen Primzahlen sind.
   → Streiche die 1 durch.
   → Streiche alle geraden Zahlen außer der 2 durch.
   → Streiche nun alle Zahlen der 3er-Reihe durch, die noch übrig sind.
   → Streiche nun alle Zahlen der 5er-Reihe durch, die noch übrig sind.
   → Streiche nun alle Zahlen der 7er-Reihe durch, die noch übrig sind.

1	2	3	4	5	6	7	8	9	10
11	12	13	14	15	16	17	18	19	20
21	22	23	24	25	26	27	28	29	30
31	32	33	34	35	36	37	38	39	40
41	42	43	44	45	46	47	48	49	50
51	52	53	54	55	56	57	58	59	60
61	62	63	64	65	66	67	68	69	70
71	72	73	74	75	76	77	78	79	80
81	82	83	84	85	86	87	88	89	90
91	92	93	94	95	96	97	98	99	100

2. Wie viele Seiten hat ein Tetraeder? _____

3. Wie viele Seiten hat ein Würfel? _____

4. Stecke mit 12 gleich langen Strohhalmen und Knetekugeln einen Würfel zusammen.

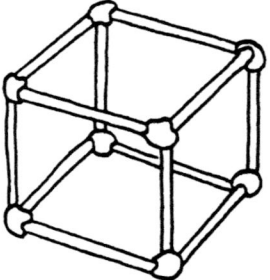

5. In welchem Jahr wurde Alexander der Große geboren? _____

6. Wie alt war Alexander der Große, als er starb? _____

Infoblock Mittelalter

Von: _____

Fibonacci war einer der berühmtesten Mathematiker des Mittelalters. Er lebte von ungefähr 1175 bis 1250 in der Stadt Pisa.

Bekannt ist vor allem die nach ihm benannte Zahlenfolge:

| 1 | 1 | 2 | 3 | 5 | 8 | 13 | 21 | ...

Diese Folge kann man beliebig fortsetzen. Dabei muss man nur die beiden vorhergehenden Zahlen zusammenrechnen und schon kennt man die nächste Zahl.

Im Mittelalter benutzten die Menschen den eigenen Körper zum Messen.
Stoff wurde z. B. in Ellen (→ vom Ellenbogen bis zur Spitze des kleinen Fingers) verkauft.
Auch mit Füßen, Handspannen, Fingern und Schritten wurde gemessen.

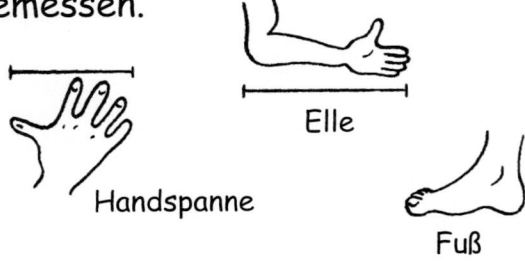
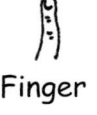

Christoph Kolumbus

Christoph Kolumbus wurde 1451 in Italien geboren. Schon früh beschloss er, zur See zu fahren. Am 3. August 1492 machte sich Christoph Kolumbus mit 3 Schiffen von Spanien aus nach Westen auf. Er hoffte, den kürzesten Weg nach Indien zu finden, und entdeckte – als er am 12. Oktober 1492 Land sah – Amerika.

Arbeitskarte – Mittelalter

1. Setze die Fibonacci-Folgen fort.

   | 5 | 6 | 11 | | | |

   | 2 | 1 | 3 | | | |

2. Dies sind auch Zahlenfolgen nach der Fibonacci-Regel. Findest du die fehlenden Zahlen?

   | 2 | 28 | | | 88 | | 5 | | | 71 | 109 |

3. Miss einmal selbst mit deinem Körper. Vergleiche deine Ergebnisse mit anderen Kindern.

   - Breite der Tür = _____ Füße
   - Breite des Klassenraums = _____ Füße
   - Breite des Tisches = _____ Ellen
   - Länge der Heizung = _____ Ellen
   - Länge deines Mathebuchs = _____ Handspannen
   - Breite des Fensters = _____ Handspannen

4. Welche Vorteile und Nachteile hat diese Art zu messen?

   Vorteile: Nachteile:

5. Wie lang war Kolumbus unterwegs? _____

6. Wie viele Jahre ist es her, dass Christoph Kolumbus „Amerika" entdeckte? _____

Liebe Klasse _____,

unsere Reise nähert sich allmählich dem Ende, weil ihr nämlich schon echte Geschichts-experten seid.
Aber wir hatten euch ja ganz am Anfang versprochen, dass während unserer Reise auch **gekocht** wird.
Natürlich gibt es keine Bratwurst und Pommes oder Nudeln mit Tomatensoße, sondern Speisen aus der Vergangenheit. Mammutfleisch gibt es natürlich auch nicht. Dafür aber einen steinzeitlichen Hirsebrei und einen leckeren griechischen Salat.
Tja, und was haben die Alten Ägypter und Ritter gegessen? Lasst euch überraschen!
Die Rezepte haben wir nur für euch aufgeschrieben. Am besten besorgt ihr die Zutaten und legt gleich los.
Lasst euch die Vergangenheit gut schmecken!

Viel Spaß und bis bald

Lea, Tobi, Kiko und Mia

PS: Vergesst das Händewaschen vor dem Kochen nicht!

ESSEN UND TRINKEN IN DER STEINZEIT

In der Steinzeit gingen die Männer auf die Jagd, während die Frauen alles sammelten, was die Natur an Essbarem hergab: Wurzeln, Kräuter, Früchte, Pilze, Blätter und Vogeleier.
Wahrscheinlich aßen unsere Vorfahren auch Käfer, Heuschrecken und Würmer.
Getrunken wurde Wasser.
Erst gegen Ende der Steinzeit lernten die Menschen, wie man Mehl macht.
Aus dem groben Mehl und Wasser backten sie Fladenbrot.

Essen und Trinken im Alten Ägypten

Für die Alten Ägypter war gutes Essen und Trinken sehr wichtig.
In vielen Grabanlagen fand man Bilder von üppigen Speisetischen.
Die meisten Menschen ernährten sich von selbst gebackenem Brot, Obst, Gemüse und Fisch.
Fleisch gab es für die arme Bevölkerung nur an den hohen Feiertagen.
Die meisten Menschen (auch die Kinder) tranken Bier, das sie selbst aus Getreide brauten. Reiche Leute kannten auch Wein.

Essen und Trinken im Alten Griechenland

Das Lieblingsgetränk der Alten Griechen war Wein, der fast immer mit Wasser verdünnt wurde. Ein typisches Frühstück bestand aus Wein, Brot aus Weizen oder Gerste und Feigen. Um Milch und Käse zu bekommen, hielten sich viele Menschen eine Ziege.
Oft gegessen wurden Linsen, Erbsen, Zwiebeln, Knoblauch und Kohl.
Im Gegensatz zu Fleisch stand Fisch sehr oft auf dem Speiseplan.

Essen und Trinken im Mittelalter

Die Speisekammer von Adeligen und reichen Kaufleuten war oft gut gefüllt. Da gab es Rind-, Schweine-, Hammel- und Kalbfleisch, aber auch Wild und verschiedene Vögel.
Teure Leckereien waren Trockenfrüchte, Mandeln und Gewürze aus Asien. Die Armen ernährten sich von dunklem Brot und Brei aus Weizen-, Roggen- und Hafermehl.
Gemüse bauten sie selbst an. Fleisch gab es selten.
Kühe, Schafe und Ziegen lieferten Milch.

STEINZEITLICHER HIRSEBREI

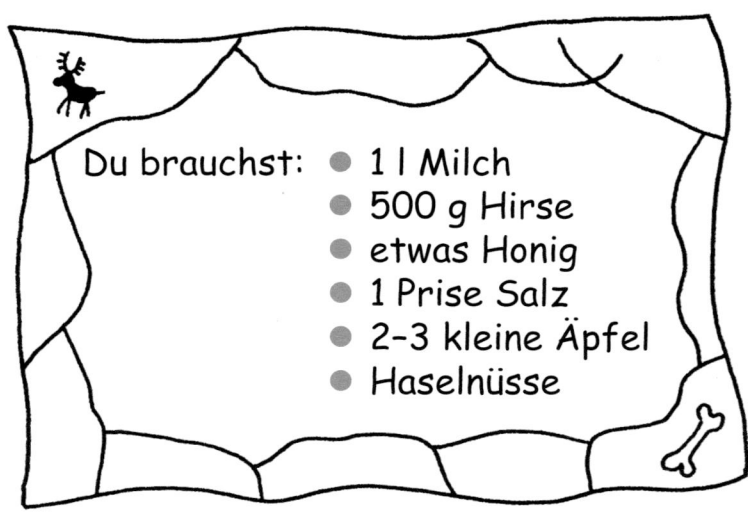

Du brauchst:
- 1 l Milch
- 500 g Hirse
- etwas Honig
- 1 Prise Salz
- 2–3 kleine Äpfel
- Haselnüsse

So geht's:

1. Erhitze die Milch in einem Topf und füge Honig und Salz hinzu.

2. Wenn die Milch kocht, rühre die Hirse hinein und lass alles kurz aufkochen.

3. Lass den Brei etwa 20 Minuten auf kleiner Flamme ziehen. Rühre ihn dabei aber ständig um.

Zum Brei werden Äpfel und Nüsse gegessen.

Guten Appetit!

Altägyptisches Früchtebrot

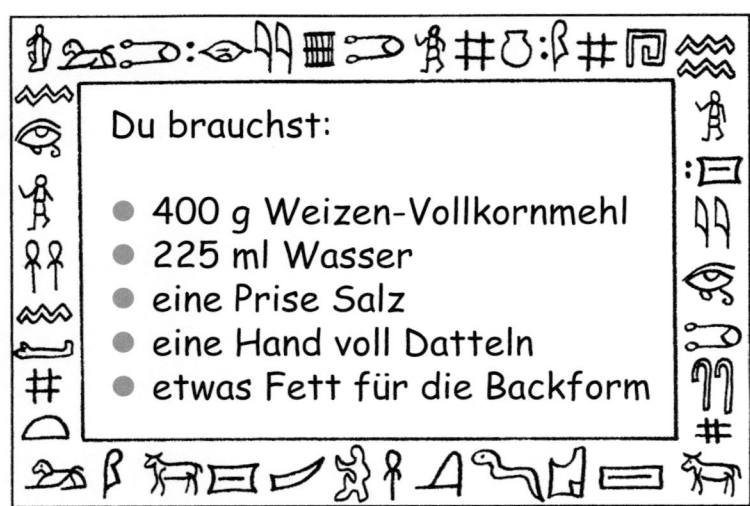

Du brauchst:

- 400 g Weizen-Vollkornmehl
- 225 ml Wasser
- eine Prise Salz
- eine Hand voll Datteln
- etwas Fett für die Backform

So geht's:

1. Gib das Wasser und das Mehl in eine Rührschüssel und knete alles gut durch. (Wenn du den Handmixer benutzt, musst du die Knethaken nehmen.)

2. Füge das Salz hinzu und knete alles noch einmal durch.

3. Hacke die Datteln klein und verknete sie mit dem Teig.

4. Fülle den Teig in eine gefettete Backform und lass ihn einige Stunden ruhen.

5. Backe das Brot im vorgeheizten Backofen bei 180° C ungefähr eine halbe Stunde lang.

Guten Appetit!

GRIECHISCHER SALAT

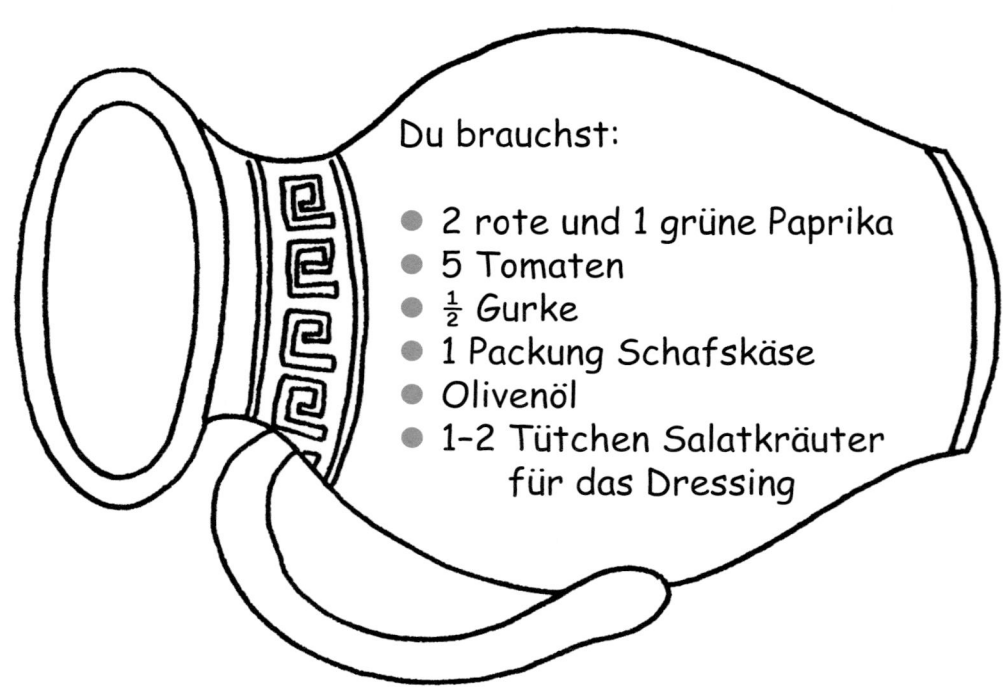

Du brauchst:

- 2 rote und 1 grüne Paprika
- 5 Tomaten
- ½ Gurke
- 1 Packung Schafskäse
- Olivenöl
- 1–2 Tütchen Salatkräuter für das Dressing

So geht's:

1. Wasche das Gemüse gründlich ab und schneide es in kleine Stückchen.

2. Schneide auch den Schafskäse in kleine Würfel.

3. Gib alles in eine Salatschüssel.

4. Verrühre die Salatkräuter mit je 3 Esslöffeln Wasser und Öl (pro Tütchen).

5. Schütte das Dressing über deinen Salat und verrühre alles gut.

Guten Appetit!

Armer Ritter

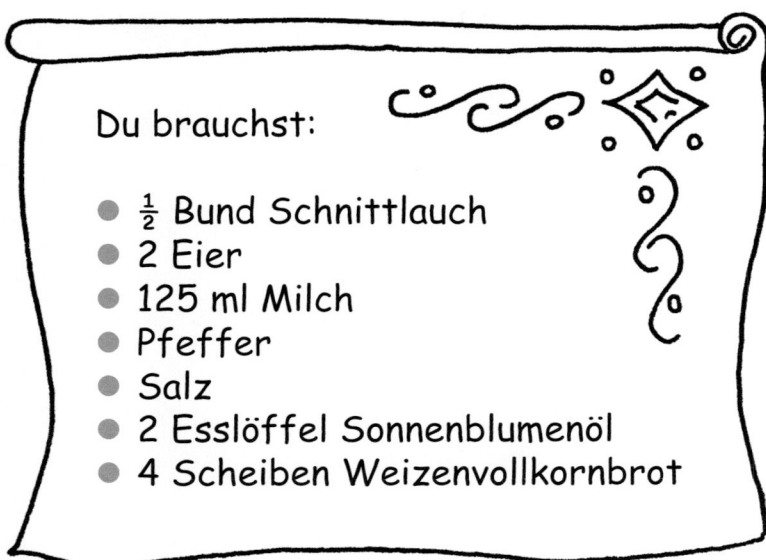

Du brauchst:

- ½ Bund Schnittlauch
- 2 Eier
- 125 ml Milch
- Pfeffer
- Salz
- 2 Esslöffel Sonnenblumenöl
- 4 Scheiben Weizenvollkornbrot

So geht's:

1) Wasche den Schnittlauch und schneide ihn in kleine Stückchen.

2) Gib die Eier, die Milch, den Schnittlauch und etwas Salz und Pfeffer in eine Schüssel und verrühre alles.

3) Gib in eine Pfanne 1 Esslöffel Öl und erhitze es auf mittlerer Stufe.

4) Schütte die Eiermilch in einen tiefen Teller und tunke die Brotscheiben hinein.

5) Lege die eingetunkten Brote in die Pfanne und lass sie goldbraun braten.

Die Brote werden am besten sofort gegessen.

Guten Appetit!

Liebe Klasse _____,

mit diesem Brief geht unsere Reise in die Vergangenheit leider zu Ende. Wir hoffen, dass ihr jede Menge Spaß hattet und euch später gerne an uns erinnert.

Wir fanden eure Ideen wirklich toll, und ihr habt so prima mitgearbeitet, dass ihr nun echte Geschichtsexperten geworden seid.

Falls ihr von der Geschichte immer noch nicht genug und Lust habt, andere spannende Zeiten zu erforschen, wie wäre es dann zum Beispiel mit den Römern, den Wikingern oder den Inkas?

Aber das müsst ihr dann selbst in die Hand nehmen, weil wir jetzt erst einmal Ferien haben.

Tolle Geschichtsbücher findet ihr bestimmt in eurer Bücherei.

Ganz liebe Grüße schicken euch eure Freunde

Lea, Tobi, Kiko und *Mia*

Literaturtipps

Allgemein

Alunni, B. (1999): Frühe Kulturen, Magica. Köln
Ayo, Y. (2005): Die visuelle Weltgeschichte der alten Kulturen. Hildesheim
Kaiser, A. (2007): Praxisbuch handelnder Sachunterricht. Band 1. 11. Aufl., Hohengehren
Kaiser, A. (1998): Praxisbuch handelnder Sachunterricht. Band 2. 3. Aufl., Hohengehren
Pohlmann, U. (2005): Übungen für die Grundschule. Völker in der Geschichte. Hamburg

Steinzeit

Harris, N. (2004): Leben in der Steinzeit. Mannheim
Köthe, R. (2003): Der Urmensch, WAS IST WAS Bd. 9. Nürnberg
Merriman, N./King, D. (2003): Die ersten Menschen. Hildesheim
Sklenitzka, F. S. (2004): Die Steinzeitmenschen. Würzburg

Altes Ägypten

Beaumont, E. (2003): Ägypten, Magica. Köln
Harris, N. (2002): Das Geheimnis der Pyramiden. Mannheim
Kurth, D. (2000): Das Alte Ägypten, WAS IST WAS Bd. 70. Nürnberg
Putnam, J./Brightling, G. (2005): Pyramiden. Hildesheim
Reichardt, H. (1999): Pyramiden, WAS IST WAS Bd. 61. Nürnberg

Altes Griechenland

Cappon, M. (2002) Altes Griechenland. Nürnberg
Chrisp, P. (2003): Die Griechen. Starnberg
Fink, G. (2001): Die Alten Griechen, WAS IST WAS Bd. 64. Nürnberg
Pearson, A./Nicholls, N. (2005): Das Alte Griechenland, Hildesheim

Mittelalter

Harris, N. (2001): Die Geschichte einer Burg, Mannheim
Jacoby, E. (Hrsg.) (2005): Leben im Mittelalter. Hildesheim
Peschke, H. P. von (1998): Burgen, WAS IST WAS Bd. 106. Nürnberg
Peschke, H. P. von (2004): Das Mittelalter, WAS IST WAS Bd. 118. Nürnberg
Sagnier, Ch. (2002): Mittelalter, Magica. Köln
Tarnowski, W. (2003): Ritter, WAS IST WAS Bd. 88. Nürnberg

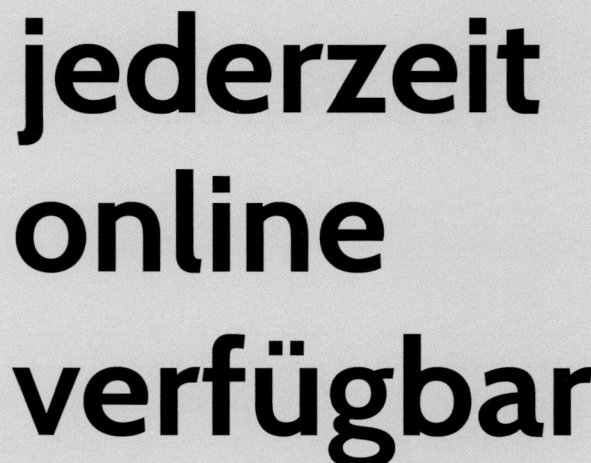